Friedrich Wilhelm Nietzsche

니체의 슬기로운 철학수업

Friedrich Wilhelm Nietzsche

니체의 슬기로운 철학수업

프리드리히 니체 | 김미조 편역

파랑새서재

젊은 영혼들이여,

내 책을 견뎌낸다면

나와도 친해질 수 있을 것이다.

-프리드리히 니체

어떤 벌레가 오늘도 내 마음을 찌르는가?

A : 내가 아팠었나? 이제 다 나은 건가?
내 의사는 누구였을까?
어떻게 내가 그 모든 것을 잊어버렸을까?
B : 너는 이제야 다 나았구나.
잊어버린 자만이 건강한 법이거든.

　드높은 하늘이 하도 푸르러서 갑자기 마음이 즐거워졌어요. 봄이면 화사하게 핀 꽃 덕분에 마음이 즐거워졌고, 가을이면 붉거나 노랗게 물든 단풍 덕분에 마음이 즐거워졌지요. 그런데 이런 본질적인 행복은 우리가 일터와 사회로 나가 하루를 보내는 아침, 점심, 저녁 365일을 통틀어 겨우 몇 날에 불과하다는 것을 깨달을 때가 많습니다. 아름다운 자연에 마음이 풀어지는 날보단 사회 속에서 치이는 날이 훨씬 많고, 반복되는 걱정거리가 일상을 덮어버리기 때문이겠죠. 삶이란 가시덤불 우거진 길을 걸어가는 것이란 생각을 하곤 해요. 조금만 잘못 걸어도 얼굴과 팔과 손과 다리가 가시에 생채기를 입고 피도

납니다. 아프면 아프다고 말하고, 잠시 멈춰 서서 약을 바르면 좋겠지만 우거진 가시덤불 어디에서도 쉴 곳을 찾기 어려워요.

고통을 겪고 있는 게 세상에 오직 나 하나라는 생각이 나를 힘들게 합니다. 주위를 둘러보면 다들 잘만 걷고 있는 듯 보이니까요. 가시에 생채기도 나지 않고, 진흙 길에 발목까지 푹푹 빠지지도 않는 것 같습니다. 내 눈엔 보이지 않는 길이 다른 이들의 눈에 보이는 것 같고, 가시덤불이 덮은 건 내 위의 하늘뿐인 것 같습니다. 그래서 더 외롭고, 슬프고, 고통스럽기까지 합니다. 사실 이건 자연스러운 일입니다. 내가 아프면, 다른 사람의 아픔은 보이지 않으니까요. 내 손톱의 가시가 다른 사람의 고통보다 더 아프게 느껴지는 법이니까요. 그래서 우리는 좀 더 시각을 넓혀 세상을 보고, 다른 사람을 이해하고, 나 자신을 똑바로 볼 필요가 있습니다.

인생은 누리는 것이 아니라
극복하기 위해 주어지는 것
고통과 지루함 사이에 흔들리는 추처럼
서서히 제자리를 찾아가는 것

이 현실이 정말로 고통스러운 현실인 걸까? 이 아픔은 진실로 어디에서 온 걸까? 니체는 삶 속의 이런 질문에 대해 해답을 주는 철학자입니다. 그의 철학에는 우리 사회와 세상, 그리고 사람이 들어 있습니다. 이 세상이 어떤 질서로 유지되는지, 그 질서 속에서 사람이 어떻게 살아야 하는지를 말하는 것이 니체의 언어이지요. 니체를 읽지 않은 사람들은 '신은 죽었다.'라는 혁신적인 문장에 가려져 니체의 철학을 현학적이며 우울한 철학이라고 오해하기도 합니다. 개인의 자유의지보다는 이미 만들어진 질서를 기준으로 생각하길 강요받던 시대에 니체는 그 스트레스를 과감하게 깨도록 해 주었습니다. 그는 인간이 자기 자신을 스스로 세울 힘을 가지고 있다고 보았습니다. 그게 아니라면 '기존의 질서를 깨부숴야 한다.'는 말도 할 수 없었을 겁니다. 그러니까 니체는 인간의 자유의지를 믿었던 철학자입니다.

가시덤불로 가득한 사회의 질서 속에서 나 개인이 아픈 이유는 내가 왜 헤매고 있는지, 헤매는 내가 누구인지를 모르기 때문입니다. 하지만 가시덤불을 걷어내면 그곳엔 나뿐 아니라 다른 사람들도 많다는 것을 알게 됩니다. 그리고 '인간인 우리'가 무엇인지를 보게 됩니다. 우리 속에, 그 사회의 속에 내가 존재합니다. 나는 곧 우리이지만, 나 자신만의 형체와 향기를 지니고 있습니다. 자유의지를 가진 한 인간으로 굳건하게 살아갈 수 있는 존재라는 것을 니체는 강조합니다. 내 자유의지를 믿는다면 힘들어도 당당히 이겨 낼 수 있다는 것을요.

편역자 김미조

| 차례

1. 튼튼한 이와 튼튼한 위장, 이것을 네게 바라노라

다른 인간을 소화한다는 것은 얼마나 어려운 일인가 ``19

인간이 본질적으로 사랑하는 것은 자신의 욕망이지 그 욕망의 대상이 아니다.

인생이라는 식사 시간 ``29

고통받는 벗이 있다면 그의 고통을 위한 안식처가 되도록 하라.

누가 네게 인간을 굴처럼 삼키라고 하는가? ``37

선한 인간이란 위협적이지 않은 인간이어야 한다.

왜 자신을 두려워하는가? ``49

불운하다고 생각하지 마라.
고통을 주는 인생에 존경심을 품어라.

우리 자신을 즐겁게 소화하자 ``57

부끄러워하거나 참지 말고 마음이 이끄는 대로
어린아이처럼 싱글벙글 웃어라.

2. 인생이라는 식사 시간, 나의 독자에게

3. 어떤 벌레가 오늘도 내 마음을 찌르는가?

4. 껍질을 벗고 새로워지다

스스로 선한 자라 호칭하는 자는
가장 독성이 깊은 파리이다 ‥161

그들은 천진난만하게 쏘아대며 천진난만하게 속인다.
그들이 어떻게 나에 대해 공정할 수 있단 말인가.

모든 단어는 하나의 편견이다 ‥173

나는 말을 삼켜 버리는 법을 배웠다.

이 세상에 사실이라는 것은 없다
오직 해설만이 있을 뿐 ‥183

자연이 뇌우를 내려 우리를 젖게 했다고
자연을 비도덕적이라 탓하지는 않는다.

차라투스트라의 제안, 자기 자신을 극복하길 ‥191

두려운 것은 산꼭대기가 아니라 산비탈이다.
시선은 아래로, 손은 위로 뻗는 이중의 의지 때문에.

아모르 파티(Amor Fati), 네 운명을 사랑하라 ‥199

사랑스러운 우연이 우리와 함께 연주한다.
이 우연이 가장 지혜로운 섭리이다.

1

튼튼한 이와 튼튼한 위장,
이것을 네게 바라노라

‡

1

다른 인간을 소화한다는 것은
얼마나 어려운 일인가

인간이 본질적으로 사랑하는 것은
자신의 욕망이지
그 욕망의 대상이 아니다.

✦

인간은 도대체 왜 존재하는가? 욕구를 자제하는 금욕적 이상을 떼어 놓고 보면 인간은, 인간이라는 동물은 지금까지 어떤 의미도 지니지 않았다. 지상에서의 인간 생존은 그 어떤 목표도 가지지 못했다.

"인간은 대체 왜 존재하는가?"

인간과 대지를 위한 의지가 빠져 있었다. 우리를 둘러싼 거대한 규칙과 운명의 배후에는 '헛되도다!'라는 후렴이 울려 퍼졌다. 무언가 중요한 게 빠져 있고, 틈새가 벌어져 있는 것, 바로 이것이야말로 금욕적 이상의 다른 얼굴이다.

　가장 용감하게 고통을 바라고 고통을 찾아다니자. 고통에 익숙한 인간은 고통을 부정하지 않는다. 고통의 의미나 목적을 안다면 인간은 고통을 바라고 고통 자체를 찾아다니기도 한다. 지금까지 인류에게 내려진 저주는 고통이 아니라 '고통의 무의미함'이었다.

　그런데 금욕적 이상은 인류에게 하나의 의미를 제공했다. 어떤 의미가 있다는 것은 아무 의미가 없는 것보다는 낫다. 금욕적 이상 속에서 고통이 해석되었다. 그리하여 어마어마한 공허가 메워진 듯이 보였다. 하지만 새로운 고통, 더 깊고 내면적이며, 더 해롭게 삶을 갉아먹는 고통이 생겨났다. 금욕적 이상에 따른 해석으로 모든 고통을 죄의 관점에서 보게 되었다. 이렇게 인간은 구원받고, 하나의 의미를 지니게 되었다.

*

　우리는 자연을 입에 올릴 때 우리 자신은 잊어버린다. 우리 자신도 자연이라는 사실을.

세상의 의미를 찾아 나선 자, 인생의 의미를 찾아 나선 자, 자신의 의미를 찾아 나선 자들은 사막에서 빈손으로 어찌할 바를 모를 것이다.

그들이 찾아 헤매는 의미는 어느 곳에도 있지 않으며 숨겨져 있지도 않다.

애초 찾아야 하는 의미는 존재하지 않았다. 그렇다고 세상이나 인생이 헛된 것은 아니다.

인생의 의미는 스스로 만드는 것이다. 무엇이 어떻다거나 무엇인가를 얼마만큼 해야 하는지는 스스로 결정하라.

힘차게 살아간다면 인생은 생기를 품은 빛나는 의미로 가득 찰 것이다. 비관에 잠식된다면 인생은 한여름 대낮이라도 캄캄한 어둠이 드리워질 것이다. 아! 인간 존재여.

*

인간은 설명 가능한 명백한 사항보다 설명할 수 없는 불투명한 사항을 더 중요한 것으로 받아들인다.

*

인간은 더는 바람에 흩날리는 가랑잎 같은 존재가 아니었다. 불합리와 무의미의 노리갯감이 아니었다. 인간은 이제 무언가를 의지할 수 있게 되었다. 어디로, 무엇 때문에, 무엇으로의 의지인지는 중요하지 않다. 의지 자체가 구원받은 것이다. 금욕적 이상에서 방향성을 얻은 의지 전체가 표현하는 것이 무엇인지는 완전히 감춰질 수 없다. 그것은 인간적인 것이나 동물적인 것, 물질적인 것에 대한 증오, 감각과 이성 자체에 대한 혐오, 행복과 미에 대한 두려움, 온갖 가상, 변화, 생성, 죽음, 소망, 욕망 자체에서 벗어나려는 갈망이다.

*

이 모든 것은, 무(無)에의 의지, 삶에 대한 반감, 생의 근본에 대한 저항을 의미한다. 하지만 이것도 하나의 의지이며, 하나의 의지로 남아 있다. 그리고 인간은 아무것도 의지하지 않기보다 오히려 허무를 의지할 것이다.

＊

　모든 인간은 보살핌과 연민을 받기를 원한다. 진리를 감추고, 바보의 손과 바보와 같은 마음으로. 또한, 연민에서 나온 수많은 사소한 거짓말을 하면서 항상 그렇게 나는 인간들 가운데서 살았다. 나는 가면을 쓴 채 그들 사이에 앉아 있었다. 내가 그들을 견뎌내고 있다는 오해를 받을 각오로 말이다. 그리고 나 자신에게 "너, 바보야. 너는 인간을 모른다."라고 자주 말하면서 말이다. 인간은 인간들 사이에 살면서 인간을 잊어버린다. 모든 인간에게는 지나치게 많은 겉치레가 있다. 여기에 존재하면서 저 멀리 보거나 저 먼 곳을 갈망하는 눈이 무슨 소용이 있겠는가.

＊

　괴물과 싸우는 사람은 그 과정에서 자기 자신까지 괴물이 되지 않도록 조심해야 한다. 만일 네가 심연 속을 오랫동안 들여다본다면 심연도 네 속을 들여다본다.

서로 침묵하는 것은 아름답다. 서로 웃는 것은 더욱 아름답다.

비단 같은 하늘 아래 이끼와 너도밤나무에 몸을 맡기고 벗들과 소리 내어 기분 좋게 웃고 하얀 이를 보이는 것은.

내가 잘할 때 우리는 침묵하자. 내가 못할 때 우리는 웃어버리자. 그리고 점점 더 못해버리자. 점점 못하고 점점 더 심하게 웃자. 우리가 무덤에 들어갈 때까지.

친구들이여, 그래야만 되지 않겠는가?

아멘! 그리고 안녕!

★

우리는 동물을 도덕적 존재로 여기지 않는다. 그런데 동물은 우리를 도덕적 존재로 여기리라 생각하는가? 만약 동물이 인간의 말을 할 수 있다면, 아마 이렇게 말할 것이다.

"인간성이란 우리 동물에게 없는 하나의 선입견에 지나지 않는다."

＊

인간이 빛을 향해 몰려드는 것은 더 잘 보기 위해서가 아니라, 더 잘 빛나기 위해서다. 그리하여 그에게서 빛이 나면 사람들은 그를 기꺼이 빛으로 간주한다.

＊

인간이 본질적으로 사랑하는 것은 자신의 욕망이지 그 욕망의 대상이 아니다.

＊

오늘날의 인간은 많은 것을 경험하지만, 깊이 생각하는 일은 아주 적다. 그렇기에 이제껏 '나는 아무것도 체험하지 못했다.'라고 말하는 자는 바보이다.

*

　사람들은 부정한 것을 생각하는 것을 부끄러워하지 않는다. 하지만 자신이 이런 부정한 생각을 가졌을 것이라고 사람들이 짐작하고 있다는 점에는 부끄러워할 것이다.

2

인생이라는 식사 시간

고통받는 벗이 있다면
그의 고통을 위한
안식처가 되도록 하라.

✳

예의 바른 사회에서는 다음과 같은 규칙을 지켜야 한다.
우스꽝스러운 행동, 무례한 자세, 제멋대로인 태도를 취하지
않기. 가장 강렬한 욕망뿐 아니라 자신의 장점들도 보이지
않기. 자기 길들이기, 자기비판하기, 서열에 복종하기.

이 모든 것들은 사회적 도덕으로서, 심지어 동물 세계에서
도 조장한 형태로 발견될 것이다. 이러한 것에서 우리는 이
모든 우호적인 예방책들의 목적을 이해할 수 있다. 동물은 자
신을 쫓는 사냥꾼을 피하려고 하며, 먹잇감을 쫓을 때는 유리
한 위치를 차지하고 싶어 한다. 이 때문에 동물은 자신을 제
어하고 자신의 형태를 바꾸는 법을 배운다. 많은 동물이 주변
환경에 맞춰 자신의 색깔을 바꾸는 것이 한 예일 것이다.

＊

삶, 그것은 죽음에의 의지를 자신으로부터 끊임없이 내치는 것을 의미한다. 삶. 그것은 우리 안의 약하고 노쇠한 모든 것에 잔혹하고 냉정한 태도를 보이는 것을 의미한다. 삶. 결국, 그것은 죽어가는 것, 고통받는 것, 노쇠한 것에 대한 경건함을 알지 못하는 것이 아닐까? 끊임없는 살인자가 아닐까?

하지만 늙은 모세는 이렇게 말하고 있다.

"살인하지 말라!"

＊

인간은 자기 자신에게 가장 잔인한 짐승이다. 그러므로 자신을 '죄인'이라 부르고, '십자가를 짊어진 자'라고 부르고, '속죄자'라고 부른다. 이러한 사람을 만날 때, 이 같은 불평과 비난 속에 들어 있는 욕망을 건성으로 듣지 마라.

✱

개인은 자신을 '인간'이라는 보편 개념이나 사회 속에 숨기며 군주, 계급, 당파, 그리고 자신이 처한 시대와 장소의 의견에 맞춰 나간다. 또는 행복하거나 고마워하고 있거나 힘을 가졌거나 매혹된 것처럼 보이기 위해 사용하는 온갖 미묘한 수단들은 동물 세계에서도 쉽게 찾아볼 수 있다.

현명함, 절제, 용기, 정의, 간단히 말해 우리가 미덕이라 부르는 모든 것들의 기원은 사실 모두 동물적인 것이다. 즉, 우리에게 먹이를 찾고 적들을 피하는 법을 가르치는 충동의 결과인 것이다. 도덕적이라는 현상 자체를 동물적이라고 말하는 것은 부적절한 것이 아니다.

✱

아무리 가장 용감한 자라도 자신이 실제로 알고 있는 것을 행할 용기는 가지고 있기 어렵다.

*

홀로 사막을 건너라. 가까스로 여기까지 왔구나. 안심하곤
뒤돌아보지 않는다. 계속 나아갈 뿐이다. 뒤에 아무도 없고,
친구나 동료도 보이지 않고, 홀로 남았다고 겁먹지 않는다.
그렇기에 너는 여기까지 올 수 있었다. 다만 아직 도달한 것
은 아니다. 더 나아가라. 지난날 누구도 디딘 적 없는 그 길
을 걸어라. 사막은 여전히 넓다.

*

너무 좁은 욕망의 기초 위에 삶을 세우지 않도록 조심해야
한다.

왜냐하면 지위, 명예, 동료, 쾌락, 편안함, 예술이 가져오는
기쁨을 포기해버리면 삶에 대한 염증만 이웃이 되었다는 사
실을 깨달을 날이 올지도 모르기 때문이다.

*

사람들과 함께 산다는 것은 어려운 일이다.

침묵이 어렵기 때문이다. 그리하여 우리는 우리에게 불쾌하고 거슬리는 이들이 아니라, 우리와 전혀 상관없는 사람에게 정당하지 않은 행동을 한다. 그러나 만일 고통받는 벗이 있다면 그의 고통을 위한 안식처가 되도록 하라.

*

우리는 모든 사람에 대해 아는 바가 지나치게 많다. 우리는 많은 사람을 꿰뚫어 볼 수 있다.

바로 이 때문에 우리는 그 사람들을 결코 스쳐 지나가지 못하는 것이다.

＊

삶이 말했다.

"사실 우리가 서로 진심으로 사랑하는 것은 아니다. 하지만 진심으로 사랑하지 않는다고 해서 서로 미워해야 한단 말인가?"

＊

어떤 경험을 하든 깊이 생각하지 않거나 꼭꼭 씹어 먹지 않으면 설사를 반복하게 된다. 경험하지 않고는 아무것도 배우지 못하며, 무엇도 자신의 것으로 만들지 못한다.

＊

모든 것을 심각하게 받아들이는 것은 불편한 특성이다.

이것은 항상 눈을 피로하게 하고, 원했던 것보다 결국 더 많은 것을 발견하게 한다.

＊

실망한 자가 말한다. 나는 위대한 인간을 찾았었지만, 언제나 그 인간의 이상을 흉내 내는 원숭이들만을 발견했을 뿐이다.

3

누가 네게 인간을 굴처럼 삼키라고 하는가?

선한 인간이란
위협적이지 않은
인간이어야 한다.

✳

　허영심에 사로잡힌 인간은 자신에 대한 모든 좋은 평판에는 기뻐하며(그것이 유익한지 참인지는 전혀 따지지 않고) 자신에 대한 모든 나쁜 평판에는 괴로워한다. 그는 자신에게 깃든 저 오래된 복종의 본능에 따라 이 두 평판에 굴복하며 종속되어 있다고 느낀다. 자신에 대해 좋은 평가를 하도록 다른 사람을 유혹하는 것은 인간의 핏속에 남아 있는 노예적인 교활함의 잔재이다.

*

이제까지 지상에서 지배해왔고, 여전히 지배하고 있는 많은 세련된 도덕들과 조잡한 도덕들을 두루 본 후, 나는 그것들에서 일정한 특징들이 규칙적으로 반복해서 나타나고 있다는 사실을 알게 되었다. 마침내 두 가지 기본 유형이 드러났고, 하나의 근본적인 차이가 나타났다. 주인의 도덕과 노예의 도덕이 그것이다. 여기에 덧붙이자면, 모든 수준 높고 혼합된 문화에서 이 두 가지 도덕을 조정하려는 시도가 나타나며, 종종 이 두 가지가 뒤섞이거나 서로를 오해하는 일도 있다는 점이다. 심지어 한 인간, 하나의 영혼 안에서도 뒤섞여 있다. 다양한 도덕적 평가들이 한편으로는 지배 집단에서, 또 다른 한편으로는 피지배자들 사이에서 생겨났다.

*

아무도 기분 상하게 하지 않고, 아무에게도 폐를 끼치지 않으려는 것은 정의로운 기질의 표시이자 두려움이 많다는 뜻일 수도 있다.

*

    지배자들은 '좋음'의 개념을 결정한다. 이들은 지배자의 우월함과 지배자와 피지배자의 위계질서를 규정하고, 자신에 대해 긍지를 느낀다. 그렇기에 이들은 자신들과 정반대의 인간들을 경멸한다. 그렇기에 이런 유형의 도덕에서는 '좋음'과 나쁨'의 대립이 '고귀함'과 '경멸당할 만함'의 대립과 똑같은 것을 의미한다는 사실을 누구나 바로 알아차릴 수 있을 것이다.

*

    고귀한 인간은 '위'를 올려다보는 것을 좋아하지 않으며, 다만 느긋하게 똑바로 앞을 바라보거나 내려다볼 뿐이다. 그는 자신이 높은 곳에 있음을 알고 있다.

*

　고귀한 인간은 특히 역사에 근거하여 반드시 다음과 같은 사실을 명심해야 한다. 즉, 아득한 옛날부터 어떠한 형태로든 예속되어 있던 사람들은 '타인(주인)이 평가하는 대로 존재하는 인간'에 불과했다는 사실을. 그리고 스스로 가치를 정립할 줄 몰랐으며, 그들의 주인이 자신에게 부여하는 것 이외의 어떤 다른 가치도 자신에게 부여하지 못했다는 사실을.

*

　우리는 사람들을 더는 소화할 수 없는데도 그들로 위장이 가득 차 있을 때만, 사람들에게 질렸다고 말한다. 인간 혐오는 지나친 인간애와 인간 탐식의 결과인 것이다.

　그런데 나의 햄릿 왕자여. 누가 네게 인간을 굴처럼 삼키라고 하는가?

*

　고귀한 인간이 가장 이해하기 어려운 것 중 하나가 허영심일 것이다. 그는 허영심을 바르지 못한 것으로 여기며, 그것이 화제가 되는 대부분을 의심할 것이다. 예를 들어, 그는 이렇게 말할 것이다.

　"나는 내 가치에 대해 잘못 평가하고 있을지도 모른다. 그렇더라도 나는 내 가치를 내가 평가한 대로 다른 사람이 인정해주기를 원한다. 그러나 이것은 결코 허영심이 아니다."

　또한, 그는 이렇게 말할 것이다.

　"나는 다른 사람들이 나를 좋게 평가할 때 여러 가지 이유로 기쁨을 느낄 수 있다. 이는 아마도 내가 그들을 존경하고 사랑하며 그들이 느끼는 모든 기쁨은 동시에 내 기쁨이고, 나에 대한 그들의 호평은 내가 훌륭한 사람이라는 내 믿음을 뒷받침하고 더 튼튼하게 만들어서이다. 그리고 그들의 호평에 동의하지 않더라도 그러한 호평이 유익할 수 있어서다. 그러나 이 모든 것은 허영심이 아니다."

고귀한 부류의 인간은 바로 자신이 가치를 결정하는 자라고 느낀다. 그는 자신에게 속하는 것을 존중하며, 타인의 인정이 필요하지 않다. 그는 '내게 해로운 것은 그 자체로 해로운 것'이라 단정한다. 그는 가치를 창조한다. 이러한 도덕은 자기를 칭송하는 도덕이다. 이 도덕의 전면에는 충만감, 흘러 넘치는 힘, 고도의 긴장감에서 비롯되는 행복이 자리 잡고 있다. 고귀한 인간은 기본적으로 강한 자를 존경하며, 자기 자신을 지배할 힘이 있는 자, 말할 때와 침묵할 때를 아는 자, 자기 자신에게 기꺼이 준엄하고 가혹한 태도를 보이는 자, 모든 준엄하고 가혹한 것에 경의를 표하는 자를 존경한다. 강한 자들은 존경하는 법을 아는 자들이며, 이것이 이들의 기술이며 발명품이다.

반면, 박해받는 자, 억압받는 자, 고통받는 자, 자유롭지 못한 자, 자기 자신에 대해 확신이 없는 자, 그리고 피로에 지친 자가 도덕을 말한다고 가정해보자. 이들이 말하는 도덕의 공통점은 무엇일까? 아마도 인간의 상황 전체에 대한 염세주의적인 불신이 표출될 것이며, 인간과 그가 처한 상황에 유죄를 선고할 것이다. 노예는 강한 자의 덕을 믿지 않는다. 그는 강자들의 행복은 진정한 행복이 아니라고 자신을 설득하고 싶어 한다. 반면에 고통받는 자들의 생존을 조금이라도 편하게 해주는 데 유용한 자질들이 주목을 받게 된다. 여기에서 칭송되는 것은 동정, 도움을 주는 호의적인 손길, 따뜻한 마음, 인내, 근면, 겸손, 친절 등이다. 이런 것들은 생존의 중압감을 견디는 데 가장 유용한 자질이며, 또 거의 유일한 수단이기 때문이다.

*

노예의 도덕은 근본적으로 유용성의 도덕이다. 바로 여기에 '선'과 '악'이라는 저 유명한 대립의 기원이 존재한다. 곧, 힘, 위험한 것, 두려움을 일으키는 것, 교활함, 경멸을 일으키지 않는 강함은 모두 악에 속한다고 여긴다. 노예도덕에서 '악한 인간'은 공포를 불러일으키는 인간이다. 따라서 선한 인간이란 위협적이지 않은 인간이어야 한다.

　세상의 파도 속에서 표류하지 않고자 타인을 알아가고 타인과 사귀고 친분을 쌓는 것을 사교 혹은 교제라고들 한다. 하지만 대다수는 타인과의 교제로 자신의 순수성을 현저히 잃게 된다. 심지어 비열해진다. 그렇기에 우리는 더욱 강인해져야 한다. 타인의 주장이나 인간관계에 휘둘리지 않고, 물들지 않고, 휩쓸리지 않고 본래의 자신을 지켜나가야 한다. 세상의 파도 속에서 다른 이들과 교류하면서도 표류하지 않아야 한다. 이를 위해서는 무언가를 버리는 단호함과 용기, 통찰력이 필요하다. 그런 자만이 고독을 두려워하지 않고 오히려 고독 속에 자신을 내던지는 즐거움을 맛볼 수 있다.

✳

　고귀함이란. 우리 자신을 위한 의무를 모든 사람을 위한 의무로 낮추지 않는 것, 자신의 책임을 다른 사람에게 전가하지 않는 것, 자신의 책임을 다른 사람과 나누지 않는 것, 자신의 특권과 그것의 행사를 의무로 생각하는 것.

*

　사람들이 내 말을 믿어줄까? 나는 사람들이 내 말을 믿어주기를 바란다. 나는 내가 어떤 존재인지 생각한 적이 없다. 생각했어도 극히 드문 경우에만 마지못해 했을 뿐이다. 나 자신을 인식하는 것에서 아무런 기쁨도 느끼지 못했다. 나는 항상 '나'로부터 벗어나고 싶어 했으며, 나 자신을 인식하려는 시도의 결과에 기대하지 않았다. 내 안에는 '자신에 대해 어떤 확정적인 것을 믿는 것'에 대한 혐오가 있는 것이 분명하다. 내 안에는 하나의 수수께끼가 숨어 있는 것은 아닐까? 아마도 그럴 것이다. 그러나 다행히도 그것은 내가 풀어야 할 수수께끼는 아니다. 그것은 내가 속한 종의 정체를 드러내는 것일 수도.

*

　자신의 현재 모습을 누군가의 책임으로 여기고, 우리 자신의 존재, 행동, 불행, 운명을 다른 이에게 넘기는 것은 존재의 순수함을 스스로 타락시키는 일이다.

＊

교제 기술의 본질은 식사하는 숙련된 솜씨, 전혀 신뢰하지 않는 요리를 먹을 줄 아는 능력에 기초하고 있다. 배고파서 식탁으로 간다면 문제는 간단하다. 하지만 배고프지 않다면 그는 허기진 상태가 아니다. 아, 다른 인간을 소화한다는 것은 얼마나 어려운 일인가.

＊

고귀한 영혼은 자신과 동동한 자들과 교제하고, 자신과 동동한 권리를 그들에게 인정하는 것으로 자신을 존중한다. 이렇게 서로를 인정하는 것이 모든 교제의 본질임을 그는 믿고 있다. 고귀한 영혼은 정열적이고 민감한 보복의 본능에 따라 받은 만큼 되돌려준다. 동동한 자들 사이에서는 '은혜'라는 개념은 어떠한 의미도 향기도 갖지 못한다. 그의 이기심이 이런 것을 허락하지 않는다.

＊

　타인의 이해를 얻기란 쉬운 일이 아니다. 심지어 우리는 타인이 자신을 이해하기 어렵게 만들고자 온갖 수단을 쓰고 있다. 따라서 우리는 세심하게 해석하려는 좋은 의도를 가진 사람에게 진심으로 감사해야 한다.

4
왜 자신을 두려워하는가?

불운하다고 생각하지 마라.
고통을 주는 인생에
존경심을 품어라.

★

어떤 사람들은 혼자 있는 것에 익숙해져 자신을 다른 사람과 전혀 비교하지 않는다. 조용하고 즐겁게 자기 자신과의 대화를 나누며, 웃으며 자신만의 삶을 엮어 나간다. 그러나 이러한 사람들에게 자신을 다른 사람과 비교하게 하면 자신을 과소평가하는 경향이 있다. 이 때문에 이들은 자신에 관한 유익하고 정당한 의견을 다른 이에게 다시 배우도록 강요받는다. 하지만 이들은 배워 익힌 이 의견에서도 되풀이해서 조금 빼거나 값을 깎으려고 할 것이다. 따라서 인간은 특정한 사람들에게는 혼자 있음을 기꺼이 허락해야만 하지만, 흔히 일어나는 일처럼, 그 때문에 불쌍히 여기는 어리석은 짓은 하지 않아야만 한다.

*

나는 추종하는 것도, 이끄는 것도 싫어한다.

복종? 아니! 지배? 그것도 아니다. 자신을 두려워하지 않는 사람은 누구도 두려워하지 않는다. 두려움을 주는 자만이 다른 사람을 이끌 수 있다. 나는 자신을 이끄는 것조차도 싫어한다. 내가 좋아하는 것은, 산과 바다의 동물들처럼 나를 잠시나마 잊고, 아름다운 옆길로 빠져 생각에 잠기는 것, 이윽고 나를 먼 곳에서 집으로 불러들이는 것, 나를 자기 자신에게로 유혹하는 것.

*

'내 주위에는 한 사람도 너무 많다.'라고 고독한 자는 생각한다. 1 곱하기 1은 2다.

✳

살다 보면 고난을 겪기도 하고 비극적인 사건도 마주친다. 그럴지라도 불운하다는 생각은 하지 마라. 오히려 고통을 주는 인생에 존경심을 품어라. 불면 날아갈 듯한 볼품없는 적군 한 명을 상대로 정예 병사 한 사단을 보내는 지휘관은 세상 어디에도 없다. 그러므로 고난을 인생이 주는 선물로 여겨라. 고통을 통해 정신과 마음과 살아가는 힘이 더욱 단련되는 것에 기뻐하라.

✳

'시간이 슬픔을 잊게 한다.'고들 말한다. 그러나 모두 알고 있듯 실제로 시간은 우리를 위해 무언가를 하지는 않는다. 그렇다면 무엇이 슬픔을 잊게 하는 것일까. 생활 속에 녹아 있는 개개인의 작은 즐거움, 기쁨, 소소한 만족이다. 그것들이 켜켜이 쌓여 어느새 슬픔과 고통은 옅어지고, 이윽고 멀리 자취를 감춘다.

*

　이제는 너와 더불어 고독하고, 고유한 앎에서는 둘이고, 백 개의 거울 사이에서 자신 앞에서는 거짓이며, 백 개의 추억들 사이에서 확신하지 못한 채 온갖 상처로 지쳐 있고, 온갖 서리에 차가워지며, 자기의 끈에 목이 졸린다. 자신을 아는 자. 자신의 목을 매는 자. 네 진리의 끈으로 너는 네 무엇을 묶었는가? 늙은 뱀의 낙원으로 너는 무엇을 유혹했는가? 네 안으로, 네 안으로. 너는 얼마나 몰래 숨어들었는가?

*

　잘 보지 못하는 사람은 점점 더 적게 보게 되고, 잘 듣지 못하는 사람은 항상 몇 가지를 더 듣게 된다.

*

　버림받은 것과 고독은 다른 것이다.

*

가장 뛰어나고 생산적인 자들의 삶을 살펴보라. 그리고 나무가 하늘 높이 거침없이 뻗어 나가려고 할 때, 악천후나 폭풍우에 흔들리지 않는 이유가 무엇인지 자신에게 물어보라. 부당함이나 외부로부터의 저항, 또는 일종의 증오, 시기, 고집, 불신, 혹독함, 탐욕, 폭력이 나를 성장시키는 데 필요한 유리한 환경에 속하는지 아닌지를 물어보라.

*

고독한 자여, 네 사랑이 일으키는 발작을 조심하라.

고독한 자는 자신이 만나는 자에게 너무 성급하게 손을 내민다.

*

나의 독자에게. 튼튼한 이와 튼튼한 위장, 이것을 네게 바라노라. 내 책을 견뎌낸다면 나와도 친해질 수 있을 것이다.

5

우리 자신을 즐겁게 소화하자

부끄러워하거나 참지 말고
마음이 이끄는 대로
어린아이처럼 싱글벙글 웃어라.

*

자신의 꿈을 즐거운 듯이 입으로만 내뱉을 뿐, 그럭저럭 현재에 만족하며 주저앉지 마라. 쉬지 말고 앞으로 나아가라. 더 높은 곳을 향해 나아가라. 사람은 자기가 한 약속을 지킬 만한 좋은 기억력을 가져야 한다. 잘못에는 책임을 지려 하면서 어째서 꿈에는 책임을 지려고 하지 않는가?

다른 누구의 것도 아닌 자신의 꿈이지 않은가? 내 꿈은 이것이라며 드높여야 하지 않는가? 그만큼 유익해서인가, 아니면 용기가 없어서인가? 애초 자신의 꿈에 책임질 생각이 없다면 꿈은 영원히 이루어지지 않을 것이다.

*

인간은 결점이 있어야 완전하다. 여리고 약한 본성들이 대체로 모든 진보를 가능하게 한다. 어디에선가 부패하고 약하더라도 전체로서는 아직 강한 민족은 새로운 것의 감염을 받아들여 장점으로 만들 수 있다. 선생은 (상담자는) 그에게 상처를 입히거나, 이미 입은 상처를 이용해야 한다. 그래야만, 그 상처 입은 부분에 새롭고 고상한 어떤 것이 들어갈 수 있다.

*

인간에 대하여 생각한 것 중 가장 노인 같은 것은 '자아는 항상 증오스러운 것이다.'이며, 가장 어린아이 같은 것은 '네 이웃을 네 몸과 같이 사랑하라.'이다. 전자는 인간에 대한 인식이 멈추었을 때, 후자는 전혀 시작하지도 않았을 때 생기는 명제이다.

*

인간은 항상 용감하지 않다.

피곤할 때면 우리 중 하나가 이렇게 탄식할 수도 있을 것
이다.

"사람에게 아픔을 주는 것은 가혹한 일이다. 오, 이런 일
이 필요하다니."

*

나는 방랑자이며 산을 오르는 자이다. 나는 평지를 사랑하
지 않는다. 오랫동안 한자리에 가만히 있지도 못한다.

내가 이제부터 어떠한 운명에 처하고 어떠한 경험을 하든,
그 속에는 항상 방랑이 있을 것이다.

인간이란 결국 자기 자신만을 경험하기 마련이다.

*

　가장 작은 것, 가장 가까운 곳에서부터 시작하기. 인간이
그 안에서 태어나 교육받으며 자란 모든 구속을 스스로 깨닫
는 것. 우리에게 익숙한 것들이나 습관을 벗어나 변화를 줄
것. 때로는 자신의 경험을 벗어나 멈추어 서서 소화를 시킬
것.

*

　인간은 이제껏 너무도 즐길 줄을 몰랐다. 나의 형제들이여.
오직 이것이 우리의 원죄인 것이다. 우리가 더 잘 즐길 수 있
게 된다면 타인에게 고통을 주려는 생각을 버릴 수 있을 것
이다.

✱

오늘을 더 기쁘게 살라. 사소한 일에도 최대한 기뻐하라. 기뻐하면 마음을 어지럽히는 잡념을 잊을 수 있고, 타인에 대한 혐오감이나 증오심도 엷어진다. 부끄러워하거나 참지 말고 마음이 이끄는 대로 어린아이처럼 싱글벙글 웃어라.

✱

굳건하게 자기 자신을 잡고 있어야만 한다. 그리고 용감히 자신의 두 다리로 서야만 한다. 그렇지 않으면 결코 사랑할 수 없다.

2

인생이라는 식사 시간, 나의 독자에게

‡

1
고독은 껍질을 일곱 겹이나 갖고 있다

껍질을 일곱 겹이나 가진
고독을 뚫고
지나갈 수는 없다.

✷

우리는 우리의 본질이 많은 의견과 기분들에 따라 바뀔 수 있음을 알고, 그것에 대수롭지 않은 태도를 배움으로써 다른 사람들과의 균형을 맞춘다. 사실 우리는 우리가 아는 모든 사람을, 비록 그가 가장 위대한 사람이라 해도 그를 대수롭지 않게 여길 타당한 이유가 있다. 우리 자신에게도 마찬가지다. 그래서 우리는 서로 참고 견디려고 한다. 우리 자신에 대해서도 참고 견디기 때문이다. 그러면 아마 누구에게나 한 번쯤은 더 즐거운 시간이 올 것이다.

*

　인간은 병든 동물이다. 어쩌다가 그렇게 되었는가? 확실히 인간은 다른 모든 동물을 다 합한 것보다 더 대담하고 혁신적이며 반항적이고 운명에 도전적이었다. 자기 자신에 대한 위대한 실험자, 동물, 자연, 신들과 최종 지배를 두고 싸우며 만족할 줄 모르는 자, 여전히 정복되지 않는 자, 자신의 밀어붙이는 힘 때문에 더는 안식을 얻지 못하는 영원히 미래적인 자, 그래서 그의 미래가 모든 현재의 살 속에 가차 없이 파고드는 자다. 이처럼 용기 있고 풍요로운 자질을 부여받은 동물이 가장 위험하며, 모든 병든 동물 중에서 가장 오랫동안 가장 깊이 병든 존재이지 않겠는가.

*

　어떤 이의 고독은 병든 자의 도피이다.
　또, 어떤 이의 고독은 병든 자들로부터의 도피이다.

*

가장 가까운 친구라 해도 서로의 감정이 얼마나 다르며, 의견은 또 얼마나 분분한지, 경험에 빗대어 한번 생각해보자. 똑같은 생각조차 너와 네 친구는 완전히 다른 입장과 강도를 가지고 있을 것이다. 서로 오해하고 서로의 관계가 적대적으로 깨지는 동기는 또 얼마나 많은지 생각해보자.

이 모든 생각을 한 후에 너는 말하게 될 것이다.

"우리의 모든 동맹과 우정들이 서 있는 이 땅은 얼마나 불안정한가. 차가운 소나기나 험악한 날씨가 얼마나 가까이 다가와 있는가. 그리고 모든 인간은 얼마나 고독한가."

*

인간은 걸핏하면 싫증을 내고, 이러한 싫증이 모두에게 번지는 유행병이 있다. 하지만 이러한 혐오, 이러한 피로, 자기 자신에 대한 이러한 불쾌감조차도 이 모든 것이 몹시 강력하기에 그것은 곧장 다시 새로운 족쇄가 되고 만다.

*

　만약 '모든 의견이나 행동의 종류와 강도가 다른 것'은 필연적이며, 그 누구에게도 책임이 없음을 통찰하게 된다면, 너는 성격, 업무, 재능, 환경 등을 바탕으로 한 의견들의 내적 필연성을 보는 안목을 얻게 될 것이다. 그리하여 너는 아마도 "친구들이여, 친구라는 것은 존재하지 않는다."라고 외쳤던 그 비참하고 예민한 감각에서 벗어날 것이다. 오히려 너는 고백할 것이다.

　"물론 친구라는 것은 있다. 그러나 너에 대한 오류와 착각들이 그 친구들을 네게 이끌어온 것이다. 그리고 네 친구로 계속 남기 위해 그들은 침묵하는 것을 배워 두어야만 한다. 왜냐하면, 인간적 관계는 몇 가지 일에 관해서는 거의 항상 표현되지 않으며, 그 일을 들추지 않는 것에서 나오기 때문이다. 그러나 이 작은 돌들이 굴러가기 시작하면 우정은 뒤에서 쫓다가 깨지고 만다. 그가 가장 믿는 친구가 근본적으로 자신에 대해 알고 있는 것을 깨달았을 때, 치명적으로 상처받지 않는 인간이 있을까?"

✱

고독은 껍질을 일곱 겹이나 갖고 있다. 그것을 뚫고 지나 갈 수는 없다.

사람들에게 다가가고, 친구들에게 인사하지만. 새로운 황무지는 어떤 인사의 눈길도 보내지 않는다. 기껏해야 일종의 저항이 있을 뿐이다. 나는 거의 모든 사람에게서 아주 다양한 정도의 저항을 경험했다. 갑자기 거리를 느끼게 하는 것보다 더 깊은 상처를 주는 일은 없는 것 같다.

✱

같은 집단에 속한 주변 사람들이 차가운 눈길을 보내고, 입을 일그러뜨리면 가장 강한 사람도 두려워한다. 도대체 무엇을 두려워하는 것일까. 고립이다. 고립은 사람과 사물에 대한 최상의 논리도 때려눕힌다.

우리 안의 어떤 무리의 본능은 그렇게 이야기한다.

*

다른 이를 사랑하거나 연민할 줄 모르는 사람은 노력해서 얻기를 원하지 않는 사람이고, 자신의 즐거움을 금하는 사람이거나 영리하지 못한 사람이다.

그는 기분의 변화가 없는 불쌍한 인간이다.

*

너희는 나에게 이렇게 말한다.

"삶은 감당하기 어렵다."라고.

대체 무슨 이유로 너희는 아침에는 자부심을 가졌다가 저녁에는 체념하는가? 진실로 삶을 감당하기란 어렵다. 우리는 모두 무거운 짐을 짊어지고 가는 사랑스러운 수나귀, 암나귀들이 아닌가.

＊

　자신을 깊이 있게 아는 사람은 명료함을 얻으려고 노력한다.

　다른 이들에게 자신을 깊이 있게 보이려 하는 사람은 모호함을 얻으려 노력한다.

　사람들은 바닥을 볼 수 없는 모든 것을 깊은 것이라고 생각하기 때문이다.

＊

　너, 홀로 있는 자여. 오늘도 너는 많은 사람으로 인해 고뇌하고 있다. 오늘도 너는 용기와 희망을 지니고 있다. 그러나 언젠가 고독은 너를 지치게 할 것이다. 언젠가 자긍심은 구부러질 것이다. 또한, 네 용기는 삐걱거릴 것이다. 그리하여 언젠가 너는 외치게 될 것이다. "나는 외롭다."라고.

*

성격이 거친 사람은 모욕을 느끼면 모욕의 정도를 최대한 심하게 받아들이고, 과장하여 그 원인을 주위 사람들에게 말한다. 그래서 한번 눈을 뜨게 된 증오와 복수심에 완전히 빠지게 된다.

*

일단 결단을 내리면 누군가 제아무리 옳은 반론을 제시하더라도 귀를 닫는 것, 이것은 강한 성격의 특징이다. 따라서 때로는 어리석은 의지가 되기도 한다.

*

고귀한 영혼이란 가장 높이 비상할 수 있는 영혼이 아니라 조금 상승하고 조금 하강하기는 하되, 언제나 더 자유롭고 투명한 공기와 고도에서 사는 영혼이다.

*

　인간이 삶에 대해 말하는 부정은 마법처럼 은근한 긍정의 충만함을 드러내 보인다. 자기 파괴의 대가인 인간이 자신에게 상처를 입힐지라도 훗날 그를 살도록 강요하는 것은 바로 이 상처 자체이다.

*

　고독한 이는 고독할 때 자신을 먹어 치우고, 많은 사람 속에 있을 땐 사람들이 그를 먹어 치운다.
　이제 어느 한쪽을 선택해 보라.

*

　행복, 오, 행복, 너 가장 아름다운 제물이여. 항상 가까이에 있지만, 결코 충분하게 가깝지 않고, 오늘에만 없는 것.

2

사랑은 피부 속까지 흠뻑 젖게 하는
비처럼 공평하다

사랑은 이성과 정의에 붙어 있는 동반자이다.
사랑은 모든 아름다움 속에 존재하는 갈망이다.

★

낡은 것, 확실하게 소유한 것에 대해 우리는 점차 염증을 느껴 다시금 밖으로 손을 뻗게 된다. 아무리 아름다운 경치라 해도 거기서 석 달 동안 살면 그곳에 대한 우리의 사랑이 식게 되어 먼 바닷가가 우리의 소유욕을 자극하게 될 것이다.

소유물은 소유했기에 시시한 것이 된다. 우리의 쾌락도 자신 안에 있는 것을 항상 새로운 것으로 변형함으로써 자신을 유지하려 한다. 이것 역시 소유라고 불린다.

*

　인간은 왜 정의보다 사랑이 더 고상한 본질을 가진 것처럼 최대의 찬사를 아끼지 않는 것일까?

　사랑은 정의보다 훨씬 더 어리석은 것이 아닌가? 틀림없다. 그러나 바로 이 때문에 사랑은 그만큼 모든 사람에게 호감을 느끼게 하는 것이다. 사랑은 어리석은 것이며, 풍요의 뿔을 가지고 있다. 사랑은 이 뿔에서 자기의 선물을 모든 이에게 나누어 준다. 그 선물을 받을 자격이 없으며, 감사하게 여기지 않는 사람에게도. 정의롭지 못한 사람뿐 아니라 정의로운 사람에게도. 사랑은 피부 속까지 흠뻑 젖게 하는 비처럼 공평하다.

*

　사랑을 받으면서도 사랑할 줄 모르는 사람은 영혼의 침전물을 드러내는 셈이다. 그렇게 되면 맨 밑바닥에 있던 침전물까지 떠오른다.

＊

소유욕과 사랑. 이 두 단어에서 우리가 각각 느끼는 것은 얼마나 다른가. 하지만 이것은 같은 충동이 두 가지 이름으로 불리는 것일 수 있다. 그 하나는 충동이 평온함에 도달해서 이제 그의 '소유물'을 염려하게 된 소유자의 관점에서 깎아내려 사용하는 것이고, 다른 하나는 만족에 이르지 못하고 갈증을 느낀 탓에 그것을 '선한 것'으로 찬양하는 것일 수도 있다는 점이다.

우리들의 이웃 사랑도 새로운 소유를 갈망하는 충동이 아닐까? 지식, 진리에 대한 사랑이나 새로운 것을 향한 모든 갈망도 마찬가지 아닐까?

＊

두 사람 사이의 갈등은 한 사람이 다른 사람을 완전히 소유했다고 믿지만, 상대방은 아직 그렇지 못한 데서 생겨난다.

*

소유에 염증을 느끼는 것은 우리 자신에게 염증을 느끼는 것이다. (너무 많은 것에서도 사람들은 괴로움을 느낀다. 내버리고 나누어 주려는 욕망도 '사랑'이라는 명예로운 호칭으로 불릴 수 있다.)

누군가가 괴로워하는 것을 보게 되면 우리는 이 주어진 기회를 이용하여 그의 소유물에 손대려 한다. 예컨대, 선행하거나 동정을 베푸는 자가 행하는 것이 바로 이것이다. 그도 또한 그의 내면에 일깨워진 새로운 소유에의 욕망을 '사랑'이라고 부르고, 그에게 새로 손짓하는 정복의 기회에서 느끼는 것과 같은 쾌감을 느낀다. 그러나 소유에 대한 갈망을 가장 분명하게 드러내는 것은 이성 간의 사랑이다.

*

우리가 삶을 사랑함은 삶에 익숙해져서가 아니라 오히려 사랑에 익숙해졌기 때문이다.

＊

사랑에 빠진 사람은 상대방을 독점하길 원한다. 그는 사랑하는 사람의 영혼과 육체에 대한 권력을 원한다. 그는 홀로 사랑받기를 원하고, 다른 사람의 영혼 안에 최고의 대상, 가장 갈망할 만한 대상으로서 머물며 상대방을 지배하려 한다. 이것은 하나의 값비싼 소유물, 행복, 향락에 사로잡혀 그 밖의 모든 세상을 배제하려는 것 외에 그 어떤 의미도 없다.

＊

때로는 지상에도 서로에 대한 두 사람 사이의 소유욕이 일종의 새로운 욕망과 소유욕에, 다시 말해 그들을 초월해 있는 이상을 향한 보다 높은 공통의 갈망에 자리를 비켜주는 일종의 사랑의 속편이 있다. 그러나 이런 사랑을 누가 알고 있는가? 누가 이런 사랑을 경험했는가? 그것의 올바른 이름은 우정이다.

*

사랑 속에는 항상 약간의 망상이 들어 있다. 그러나 그 망상 속에도 항상 약간의 이성이 들어 있다.

*

사랑하는 법을 배워야 한다. 음악의 세계 안에서 우리에게는 이런 일이 일어난다. 우선 우리는 전체적인 주제와 선율을 듣는 것을 배운다. 즉, 소리를 골라내서 듣고, 구분하고, 독자적인 생명으로 분리하고, 경계를 짓는 것을 배운다. 그 다음에는 그것을 견뎌내려는 의지가 필요하다. 그것이 낯설지라도 그 눈길과 표현을 참아내고, 그것이 지닌 기이함을 부드러운 마음으로 받아들여야 한다. 그리하여 결국 그것에 친숙해지고, 기대를 품고, 그것이 없으면 아쉬워질 것이라는 예감이 들 것이다. 우리는 사랑도 이런 방식으로 배워왔다. 자기 자신을 사랑하는 사람도 이런 길을 거쳐 사랑을 배웠을 것이다. 그 외의 다른 길은 전혀 없기 때문이다. 우리는 사랑도 배워야만 한다.

*

　사랑은 가장 고독한 자에게는 위험한 일이다. 살아 있기만
하다면 그 무엇이든 가리지 않는 사랑 말이다.

　사랑 속에 잠재한 어리석음과 겸손함은 참으로 우습기만
하다.

*

　행동은 약속할 수 있으나 감정은 약속할 수 없다. 감정은
의지대로 되는 것이 아니기 때문이다. 그러하기에 누군가
를 언제까지나 사랑하겠다는 약속은 다음과 같은 의미를 지
닌다.

　"내가 당신을 사랑하는 한 나는 당신에게 사랑의 행위를
증명할 것이다. 내가 당신을 사랑하지 않게 되더라도 내 행
동은 변하지 않을 것이다."

　이는 상대방에게 사랑은 변하지 않는다는 인식을 가상으
로 심어 주는 것에 불과하다. 그렇기에 우리가 자기기만 없
이 사랑을 맹세하는 것은 사랑의 가상에 대한 외관상의 지속
을 약속하는 것이다.

＊

나는 이성과 사랑, 정의와 사랑을 서로 대립시켜 사랑에 더 높은 순위를 매기는 것에 반대한다. 사랑은 이성과 정의의 동반자이다. 사랑은 모든 아름다움 속에 존재하는 갈망이다. 정의와 이성의 미적인 측면, 그것은 부차적 충동이다.

＊

사랑할 때 우리는 우리의 결점이 감춰지기를 바란다. 허영심 때문이 아니라, 사랑하는 사람이 고통을 느끼지 않도록 하기 위해서다. 사랑하는 사람은 신처럼 보이고 싶어 한다. 이것 역시 허영심 때문은 아니다.

＊

사랑과 미움은 눈먼 것이 아니라 그것 자체가 지닌 불길에 눈이 현혹된 것이다.

＊

사랑에 빠진 사람은 세상의 다른 것 모두 무의미하고 창백하고 무가치한 것으로 여겨 어떤 희생도 마다치 않고 어떤 이익도 무시하게 되는데, 이러한 점을 생각한다면 이성애의 이 거친 소유욕과 불의가 모든 시대에 걸쳐 찬양되고 신격화되어왔다는 것에 실로 놀라지 않을 수 없을 것이다. 더구나 바로 이러한 사랑이야말로 이기주의의 가장 솔직한 표현임에도 이로부터 나온 사랑의 개념이 이기주의의 반대로 받아들여지는 것은 그야말로 경이가 아닐 수 없다. 사랑을 소유하지 못하고 갈망하는 자가 이러한 언어 용법을 만들었음이 분명하다. 이런 사람들은 언제나 너무 많았을 것이다.

＊

지혜로울지어다. 아리아드네여. 너는 작은 귀를 가졌다. 너는 나의 귀를 가졌다. 어서 현명한 말 한마디를 거기 담아라. 서로 사랑하려면 먼저 서로 증오해서는 안 되지 않나? 나는 그대의 미로이다.

3

타인을 소화하는 법

새로운 친구들에게 너의 문을 활짝 열어두어라!
옛 친구들은 떠나게 하라. 기억을 씻어버려라.
너는 한때 젊었지만, 지금은 훨씬 더 젊다.

*

자신이 민감하고 섬세한 도덕적 분별심을 가졌다고 사람들에게 인정받는 것을 중요하게 생각하는 사람을 조심하라.

그는 우리 앞에서 한 번이라도 잘못 행동하게 되면 결코 우리를 용서하지 않는다.

여전히 친구로 남아 있더라도 반드시 우리를 본능적으로 비난하고 헐뜯을 것이다.

잘 잊어버리는 사람은 복이 있다.

왜냐하면 그들은 자신의 어리석음도 '깨끗이' 잊어버리기 때문이다.

*

타인에 대한 믿음은 우리가 우리 자신의 어떤 점을 기꺼이 믿고자 하는지를 드러낸다. 어느 벗에 대한 동경은 우리의 속내를 고백하는 것이다.

사람들은 종종 벗을 위한 사랑으로 벗에 대한 질투를 뛰어넘으려고 한다. 또, 스스로 공격당할 여지가 있음을 숨기기 위해 먼저 공격하고 적을 만드는 일도 있다.

"최소한 내 적이라도 되어다오!"

감히 우정을 청하지 못하는 진실한 공경심은 이같이 말한다.

진정한 벗을 얻고 싶다면, 그를 위해 전쟁에 임할 각오를 해야 한다. 그리고 전쟁에 임하기 위해서는 적이 될 줄도 알아야 한다.

사람은 자기 벗의 내부에 있는 적까지도 존경해야 한다.

*

"내 주위에는 항상 '하나'가 너무 많다."

은둔자는 이렇게 생각한다.

　나는 섬뜩할 정도로 완벽하면서도 민감한, 순수에 대한 본능을 지녔다. 그래서 나는 모든 영혼의 '내장'을 본능적으로 알아차릴 수 있다. 이 민감성은 내게 모든 비밀을 감지하고 파악해내는 심적 촉수를 제공한다.

　몇 가지 본성들 밑바닥엔 수많은 은폐된 오물들이 있다. 아마도 나쁜 피 때문에 생겼을 터이며, 교육으로 하얗게 칠해졌어도 나는 그것을 한 번만 접촉해보면 곧 알아차릴 수 있다. 내 순수함에 해가 되는 본성들도 자기들 쪽에서 내가 구토하지 않으려 조심하고 있다는 것을 알아차린다. 그렇다고 그들의 냄새가 좋아지는 것은 아니다.

✲

　타인과 의도적으로 친해지려 애쓰는 것은 대체로 상대방의 신뢰를 확신하지 못해서이다. 신뢰를 확신하는 사람은 친밀함에 큰 가치를 두지 않는다.

*

　습관적으로 그래왔듯, 나에 대한 극도의 순수함은 내 생존 조건이다. 나는 불결한 조건에서는 죽고 만다. 말하자면, 나는 물속에서 계속 헤엄치고 몸을 씻으며 첨벙거리고 있다. 완벽하게 투명하며 빛나는 요소들 안에서 말이다. 그래서 내게 인간과의 교제는 내 인내심에 대한 적지 않은 시험이다. 내 인간애는 사람들과 함께 공감하는 데 있지 않다. 오히려 내가 그들과 공감한다는 것을 참아내는 데 있다.

　내 인간애는 끊임없는 자기 극복이다. 하지만 고독이 필요하다. 회복, 자신에게 되돌아옴, 자유롭고 가볍게 유희하는 공기의 숨결이 필요하다.

*

　"하나에 하나를 곱하면 하나이지만 그 하나는 결국 둘이 된다."

　'주체인 나'와 '객체인 나'는 항상 너무 열심히 대화를 나눈다. 그러므로 한 사람의 벗마저 없다면 어찌 견딜 수 있겠는가?

너는 선을 넘지 않으면서 벗에게 가까이 다가갈 수 있는가?

너는 벗 앞에서 아무런 옷도 입기를 원치 않는단 말인가? 네 적나라한 그대로를 보여주는 것이 벗에게 영광이란 말인가? 그러면 벗은 너를 악마에게 넘기고 싶어 할 것이다.

자신을 조금도 감추지 않는 자는 상대방을 격분하게 한다. 그렇기에 너는 벌거벗는 것을 두려워한다. 벗을 위해 아무리 멋지게 치장하더라도 충분하지 않다. 너는 초인을 향해 날아가는 화살이자 동경이어야 하기 때문이다. 너는 벗의 얼굴이 어떤지 알아보기 위해 이미 잠든 그의 모습을 본 적이 있는가? 그의 얼굴은 어떠하던가? 그것은 거칠고 고르지 않은 거울에 비친 네 얼굴이 아니던가?

오, 나의 벗이여. 인간은 극복되어야 할 그 무엇이다.

*

만일 벗이 네게 나쁜 일을 저질렀다면 이렇게 말하라.

"벗이여, 내게 행한 악에 대해서는 용서하겠다. 그런데 네가 자신에게 악행을 저질렀다는 것, 이것을 어떻게 내가 용서할 수 있겠는가."

*

좋은 평판을 얻기 위해 한 번이라도 자기 자신을 희생하지 않은 사람이 있었던가?

*

부지런한 자만을 친구로 사귀어라.

한가한 사람은 그 친구들에게 위험한 존재이다.

그는 별로 하는 일이 없으므로 친구들의 행동거지를 일일이 논평하고, 마침내 남의 일까지 개입해 귀찮은 존재가 되기 때문이다.

*

다른 사람에 대한 공감과 배려로 우울해지는 사람들이
있다.

타인에게 생기는 동정은 일종의 병일 뿐이다.

*

자신에 대해 전혀 말하지 않는다는 것은 아주 고상한 형태
의 위선이다.

*

대화의 소재가 없어 당혹스러울 때, 친구의 비밀을 누설하
지 않은 사람은 거의 없을 것이다.

내가 충격을 받은 것은 이것이다.

네가 나를 속였기 때문이 아니라 내가 너를 더는 믿지 않게 되었다는 사실이다.

주어진 약속을 지키기 위해서는 좋은 기억력을 가져야 한다.

동정심을 가지려면 강력한 상상력이 없어서는 안 된다.

이렇게 도덕은 지성의 우수함과 밀접하게 결합되어 있다.

사람들은 항상 사랑을 오해해왔다.

타인의 이익을 위해 자신의 이익을 포기하거나 자기를 버린다고 믿었다.

그 대신에 타인을 소유하고자 원했던 것은 아닌가?

*

　새로운 친구들에게 너의 문을 활짝 열어 두어라! 옛 친구들은 떠나게 하라. 기억도 씻어버려라. 너는 한때 젊었지만, 지금은 훨씬 더 젊다.

4

내가 아팠었나?

A : 내가 아팠었나? 이제 다 나은 건가?
내 의사는 누구였을까?
어떻게 내가 그 모든 것을 잊어버렸을까?.
B : 너는 이제야 다 나았구나.
잊어버린 자만이 건강한 법이거든.

*

　나는 네가 독파리 떼에 지치고, 백 군데나 쏘여 피투성이
가 된 것을 본다. 그런데도 너는 자존심 때문에 화조차 내지
않는구나. 그 독파리 떼는 아무 생각 없이 네 피를 빨려 한
다. 그들의 핏기 없는 영혼은 피를 갈망한다. 너 마음 깊은
자여. 너는 작은 상처에도 깊이 고통받는다. 네 상처가 채 아
물지도 않았는데 똑같은 독충이 네 손등을 기어오른다. 이
살금살금 갉아먹는 자들을 죽이기에 네 자존심이 너무도 세
다. 하지만 조심하라. 그들의 독기 있는 모든 부당한 짓거리
를 참고 견디는 것이 네 운명이 되지 않도록!

＊

　망각이란 흔히 생각하는 것처럼 단순한 타성의 힘이 아니다. 오히려 그것은 능동적이며 적극적인 억제력이다. 망각은 약간의 의식 공백 상태로, 마치 문지기처럼 정신적 질서, 안정, 예법을 관리하는 효용성이 있다. 망각이 없다면, 행복, 명랑함, 희망, 자긍심, 현재도 있을 수 없을 것이다. 이러한 억제 장치가 손상되거나 기능이 멈춘 사람은 소화불량 환자에 비유할 수 있다. 그는 아무것도 처리하지 못한다.

＊

　과거의 상처를 되새김질하지 말기를.

　과거의 상처를 다시 들추어 자기 경멸과 우울증에 빠지는 것은 또 다른 형태의 질병이다.

　거기선 '영혼의 구원' 같은 것은 절대로 나올 수 없으며, 오직 새로운 종류의 정신적인 병만 나올 것이다.

＊

　사실 인간은 어쩔 수 없이 망각하기 마련이지만, 약속해야 하는 경우엔 망각의 반대 능력인 기억력을 길렀다. 따라서 이것은 일단 아로새겨진 인상에서 다시 벗어날 수 없는 수동적인 상태도 아니고, 일단 명예를 걸고 약속한 말을 지킬 수 없는 소화불량도 아니다. 이는 벗어나지 않으려는 의욕의 능동적인 상태이고, 일단 하려던 것을 계속하려는 것이며, 본래 의지의 기억인 것이다. 심지어 의지 행위인 하나의 세계가 의지의 이러한 긴 연쇄 고리를 단절시키지 않고 서슴없이 끼어들 수 있게 된다. 하지만 이 모든 것의 전제가 되는 것은 무엇이란 말인가!

＊

　깊은 고뇌를 겪은 인간은 그 고뇌 덕분에 영리한 인간들보다 더 많은 것을 알고 있으며, 다른 사람들이 전혀 알지 못하는 멀고도 무서운 세계에 대해서도 잘 알고 있다.
　그리고 그는 한때 그 세계에 거주한 적이 있었다는 확신에 차 있다.

＊

　자살을 생각하는 것은 강력한 위로의 수단이다. 이러한 생각으로 사람들은 수많은 괴로운 밤을 잘 넘긴다.

＊

　미래를 마음대로 하기 위해 인간은 필연적으로 일어나는 일과 우연히 일어나는 일을 구별하는 법을, 연관관계에 따라 사고하는 법을, 먼 앞일을 현재의 일처럼 보고 예견하는 법을, 무엇이 목적이고 무엇이 그 수단인지 확실히 정하고 대충 계산하며 예측할 수 있는 법을 먼저 배웠어야 하지 않는가.

　약속하는 사람이 그렇게 하듯이, 결국 그런 식으로 자신의 미래를 보증할 수 있기 위해, 인간 자신이 먼저 자기 자신의 표상에 대해 예측할 수 있고, 규칙적이며, 필연적인 존재가 돼야 했던 것이 아닌가!

*

심리학에서 저질러진 중대한 범죄는 이런 것들이다.

1. 모든 고통과 불행을 잘못된 것(죄책감)과 연결함으로써 고통과 불행의 본질을 왜곡시켰다.

2. 모든 강한 감정(방종, 관능, 승리, 긍지, 대담성, 지식, 확신, 그리고 행복 자체)에 죄스러우며, 유혹적이고, 의심스러운 것이라는 낙인을 찍었다.

3. 약한 감정, 소심함, 개인적 용기의 결여를 대단히 아름다운 단어로 치장해 바람직한 것으로 가르쳤다.

4. 현실에서 보면 풍성한 인격을 바탕으로 두 사람이 서로 주고받는 것이 사랑임에도 불구하고 그런 사랑을 순종을 의미하는 것으로 왜곡했다.

5. 삶은 하나의 처벌로, 열정은 사악한 것으로, 자기 자신에 대한 확신은 신을 믿지 않는 것으로 여겼다.

*

되돌아보면, 우울하고 부끄러울지라도 자신에 대한 신뢰가 있어야 미래에 대한 신뢰도 생긴다.

*

우리는 '삶'이라는 불리는 근본적인 예술적 현상을 이해해
야 한다. 더없이 불리한 상황에서 최대한 느린 속도로 건설
해가는 그 형성 과정의 정신 말이다. 삶의 온갖 결합들을 보
여주는 증거가 먼저 새롭게 제시되어야 한다.

다시 말하면, 삶은 스스로를 지켜나간다는 것을 보여줘야
하는 것이다.

*

A : 내가 아팠었나?

이제 다 나은 건가?

내 의사는 누구였을까?

어떻게 내가 그 모든 것을 잊어버렸을까?

B : 너는 이제야 다 나았구나.

잊어버린 자만이 건강한 법이거든.

*

삶의 학교에서 내가 죽지 않고 견뎌내는 그것이 나를 더욱
강하게 만든다.

5

현자가 바보에게
행복에의 길을 물었다

너는 얼마나 오래 네 불행 위에 앉아 있었나?

★

초보적인 심리학은 인간의 의식적인 동기만을 원인으로 고려하고, 의식을 영혼의 속성으로 여기고, 모든 행동에서 어떤 의지를 찾으려 들었다. 이런 단계의 심리학은 우선 '인간은 무엇을 바라는가?'라는 물음에 오직 '행복.'이라고만 대답할 수 있었다. 이 때문에 인간의 모든 행동은 행복을 얻으려는 의도가 있는 것으로 여겨졌다.

✱

고대 철학자들은 자신들의 제1의 거짓 원리와 일치하는 모습을 보였다. 그 원리란 의식이 가장 높고, 최고의 정신 상태이며, 완벽의 전제 조건이라는 것이다. 실은 그 반대가 진리인데도 말이다.

어떤 종류의 행동이든, 의도하거나 의식적인 만큼 불완전해진다. 고대 철학자들은 실천에는 서투른 사람들이었다. 그들은 이론적으로 스스로 바보처럼 굴었기 때문이다. 사실 모든 행동이 무대 위 배우처럼 되어 버렸다. 이런 연기를 꿰뚫어 본 사람은 다른 모든 사람과 똑같이 생각했다. 말하자면, 선함과 정직함에 있어 '무가치한 사람들'이 철학자들보다 훨씬 낫다고 판단하는 것이다.

✱

'개체의 행복'도 '종(種)의 행복'만큼이나 가공적이다.

종의 행복을 위해 개체의 행복을 희생시키는 일이 있어서는 안 된다. 멀리서 보면 종도 개체 못지않게 덧없다. '종의 보존'은 오직 종이 성장한 결과일 뿐이다.

*

우리는 많은 것을 잊어야 한다. 하지만 나는 '기억' 속에서 계속 살고 있다. 기억이 내 의지를 움직이게 하지는 못한다. 어떤 생각이 그냥 떠올랐다가 지나가는 것이다. 무엇인가가 일어난다. 그러면 나는 그것을 의식하게 된다. 지금 비슷한 무엇인가가 오고 있다. 그런데 누가 그것을 불러냈는가? 누가 그것을 일깨웠는가?

*

인간이 실제로 행복을 이루지 못하고 있다면, 그것은 무슨 이유 때문인가?

인간이 행복에 이르는 수단을 제대로 동원하지 않아서이다. 그렇다면 행복을 확실하게 확보할 수단은 무엇인가? 이에 대한 대답은 미덕이다.

＊

왜 미덕인가?

미덕은 최고의 합리성이고, 합리성은 절대로 잘못된 선택을 하지 않아서이다. 이성의 형태로 미덕을 추구하는 것이 행복에 이르는 길이라는 것이다. 문답하는 대화의 기술인 변증법은 끊임없이 미덕을 동원한다. 이것은 열정과 지적 모호함을 배제하기 때문이다.

＊

실제로 인간은 행복을 갈망하지 않는다. 쾌락은 일종의 권력 감각이다. 열정을 배제하면, 최고의 권력 감각인 쾌락 감각을 줄 정신 상태도 배제된다. 최고 수준의 합리주의는 냉철의 상태이다. 이런 상태는 온갖 종류의 고양이 수반하는 권력 감정을 낳을 수 있는 상태와는 거리가 아주 멀다.

＊

　결론은 이렇다. 실제 생활에서 참을성과 선함, 서로를 도와주는 면에서 무의미한 것처럼 보이는 사람들이 철학자들보다 월등히 낫다. 이것은 도스토옙스키와 톨스토이가 농민을 평가한 내용과 비슷하다. 농민들이 실제로 더 철학적이고, 삶의 위급을 헤쳐나가는 데 있어 더 큰 용기를 발휘한다는 것이다.

＊

　삶을 사랑하는 내 눈에도 이렇게 비친다. 나비와 비눗방울, 그리고 인간 중에서 나비와 비눗방울 같은 것들이 행복에 대하여 가장 많이 아는 것 같다고.

＊

　고대 철학자들은 흥분시키고 고양하는 모든 것, 말하자면 정신의 완벽한 냉정과 공평을 깨뜨릴 모든 것을 물리쳤다.

✳

너는 돌이 아니다. 그러나 이미 많은 빗방울로 움푹 파여 버렸다. 그리고 계속 수많은 빗방울에 부서지고 쪼개지리라.

✳

누가 어떤 사람에게 '당신은 얼마나 행복한가?'라고 묻는다면 그는 불쾌할 수도 있다. 마치 행복하다고 느끼는 것이 천박함, 겸허함, 평범함의 표시인 것처럼. 반면, 그는 불행에 들어 있는 특별한 명예를 대단히 크게 여길 수도 있다.

✳

깊은 슬픔을 지닌 인간은 행복할 때 자신의 정체를 드러낸다. 그들은 행복을 짓누르거나 질식시켜 죽이는 것으로 행복을 붙잡는 경향이 있다. 아아, 그들은 행복이 그들에게서 달아나 버릴 것이라는 사실을 잘 알고 있다.

*

삶을 힘들어하거나 우울에 빠진 사람은 다른 사람을 힘들게 함으로써 즉, 다른 사람을 증오하고 사랑함으로써 자기 마음을 가볍게 하고 일시적으로나마 유쾌해진다. 행복에 관한 나의 공식은 이렇다. 하나의 긍정, 하나의 부정, 하나의 직선, 하나의 목표…….

*

기쁨을 모르는 사람이 단 한 명만 있어도 집안 전체에 우울하고 찌푸린 하늘이 펼쳐지게 된다. 그 공간에 이런 사람이 없는 경우는 기적에 가깝다. 반면에 행복은 그리 전염성이 강한 병이 아니다. 왜 그런 것일까?

*

너는 얼마나 오래 네 불행 위에 앉아 있었나?

3

어떤 벌레가 오늘도 내 마음을 찌르는가?

‡

1

자신의 고요를 찾는 법을 배워라

사람들은 평판보다
양심을 더 쉽게 내던진다.

*

누구에게나 자신의 더 높은 자아를 발견하는 좋은 날이 있다. 그리고 참된 인간성은 누군가를 이런 상태에 의해서만 평가하고, 자유롭지 못한 날의 상태로 평가하지 않을 것을 요구한다. 그러나 사람들은 매우 다양하게 더 높은 자아와 교제를 하며, 나중에 몇 번이고 다시 그러한 순간들에 존재하는 것을 모방한다는 점에서 그들 자신의 배우들이기도 하다.

자부심이 강한 자들보다 허영심이 강한 자들을 소중히 여기는 것, 이것이 또 다른 현명한 처세술이다. 상처받은 허영심이야말로 모든 비극의 씨앗이 아닌가? 자부심이 상처를 입은 곳에서는 자부심보다 더 좋은 것이 자라나게 될 것이다. 삶이 멋지고 보기 좋은 것이 되기 위해서는 삶의 연기를 멋지게 해내야 한다. 그러기 위해서는 좋은 배우가 필요하다. 나는 허영심이 강한 자들 모두 훌륭한 배우라는 것을 알았다. 그들은 관객들이 자기들의 연기를 즐거운 마음으로 보는 것을 원한다. 그들의 모든 정신은 이러한 의지 속에 담겨 있다.

✱

인간이 자신의 나쁜 성질과 부도덕을 숨기든 또는 공공연하게 고백하든, 그의 허영심은 이 두 경우에서 모두 이득을 얻고자 한다. 사람들은 다만 그가 어떤 사람 앞에서는 그러한 성질을 숨기고 어떤 사람 앞에서는 정직하고 솔직해지는 것을 얼마나 세심하게 구별하는지 눈여겨볼 뿐이다.

*

다른 이의 평을 우리가 중요하게 생각하는 이유는 먼저 그 좋은 평이 우리에게 유리하게 작용하며, 다음은 우리가 다른 이에게 즐거움을 주기를 원하기 때문이다. 아이는 부모에게, 학생은 선생에게, 호의적인 사람들은 대체로 다른 모든 이에게.

만약 다른 이에게 이익이나 즐거움을 주려는 마음은 없고 오로지 좋은 평만을 중요하게 생각한다면 우리는 이것을 허영심이라 부른다.

허영심이 강한 이는 자신을 높이 평가하도록 현혹한다. 하지만 이는 결국 다른 사람의 권위에 의존하는 것이다. 자기 자신보다 오히려 다른 사람의 마음에 들기를 원하며 그럼으로써 자신의 장점조차 등한시하기 때문이다.

*

뼈, 살, 내장과 혈관을 둘러싼 피부는 인간의 모습을 참고 견딜 만한 것으로 만든다. 영혼의 활동과 정열은 허영심에 덮여 있다. 허영심은 영혼의 피부이다.

*

　자신의 고요를 찾는 법을 배워라. 오늘날에는 그것만으로 충분하지 않다. 물건을 파는 시장이 너무 커졌기 때문이다. 이제는 소리를 질러야 한다. 그 결과, 좋은 목청을 지닌 사람도 지나치게 소리를 질러 목이 쉬게 되며, 좋은 상품도 쉰 목소리로 팔아야 한다. 시장에서 소리를 질러 목이 쉬지 않고는 이제 어떤 천재적 재능도 소용없다.

　이 때문에 지금의 시대는 사상가에게도 매우 열악한 환경이다. 사상가는 소란스러움 사이에서 자신의 고요를 찾는 법을 배워야 하며, 고요 속에 있는 한 귀머거리 행세를 해야 한다. 이를 배우지 못하면 조바심과 두통으로 몰락하게 될 위험에 처할 수도 있다.

*

　허영심으로 인해 냉혹해지는 이유는 무엇인가? 강하다는 인상을 남기기 위해서이다.

✱

엇갈리는 허영심. 똑같이 큰 허영심으로 만난 두 사람은 나중에 서로에게 나쁜 인상을 주게 된다. 그들은 각자 상대방에게 주려는 인상에만 몰두하다 그 어떤 인상도 주지 못했기 때문이다. 마침내 두 사람은 자신의 노력이 빗나갔다는 것을 알게 되고, 상대방에게 그 책임을 전가한다.

✱

우리가 자신에 대해 알고 기억하는 것은 사람들이 생각하는 것만큼 우리 삶의 행복에 결정적인 것이 아니다. 언젠가 다른 사람들이 우리에 대하여 알고 있는 것이 우리를 덮쳐온다. 그러면 우리는 이것이 더 강력한 힘을 지니고 있다는 것을 깨닫게 된다.

이로 인해 사람들은 평판보다 양심을 더 쉽게 내던진다.

*

    싸우는 자들의 허영. 싸움에서 승리할 가망이 없는 사람은 그만큼 더 자신이 싸우는 방법에서 감탄받기를 바라게 된다.

*

    허영심의 자기만족. 허영심에 차 있는 사람은 탁월해지기를 원하는 것이 아니라 스스로 탁월하다고 느끼기를 원한다. 그는 자기기만과 자기 계략의 수단을 거부하지 못한다. 그가 잊지 못하는 것은 다른 사람의 의견이 아니라 다른 사람의 의견에 대한 자기 생각이다.

*

    허영심을 부인하는 건, 자신을 경멸하지 않으려는 본능이다.

＊

　기묘한 허영심. 날씨를 대담하게 세 번 예언해 성공한 사람은 자신의 영혼 깊은 곳에 어느 정도 예언의 재능이 있다고 믿는다.

＊

　예외적 허영심. 자기를 절제할 줄 아는 사람이 병에 걸리면, 예외적으로 허영심이 가득 차게 되며 평판과 칭찬에 민감해진다. 그가 자신을 상실해가는 정도만큼 그는 다른 사람의 의견 즉, 외부에서 다시 자신을 되찾으려 들 것이다.

＊

　다른 사람의 허영심이 거슬리는 것은, 우리의 허영심에 반대될 때뿐이다.

✳

상처받기 쉬우면서도, 극복하기 어려운 것이 허영심이다. 심지어 허영심은 상처받음으로써 자라나 결국 엄청나게 커질 수도 있다.

✳

자부심이 상처 입을 때, 허영심은 더 심하게 상처를 받을 수 있다.

✳

어떤 사람은 그 의견이 자신에게서 나왔다는 것에 대해 어느 정도 자만하기 때문에 의견을 고수하며, 또 어떤 사람은 그가 그 의견을 애써서 배웠고, 그것을 이해한 데 긍지를 가지기 때문에 의견을 고수한다. 양쪽 모두 허영심에서 비롯된 것이다.

2

인간은 자연스러운 성향을 너무 오랫동안 '나쁜 눈초리'로 바라보았다

상처받은 허영심이야말로 모든 비극의 씨앗이다.

＊

우리는 2,000년 동안 양심의 비판과 자기 박해에 시달려 왔다. 그 오랜 세월 동안 우리가 완벽해지고, 자신의 주인이 되고, 두드러진 존재가 되려고 벌인 노력은 아마 이 두 가지 관행에 녹아 있을 것이다. 그 결과, 우리는 자연스러운 경향과 나쁜 양심을 결합시키게 되었다.

이와 정반대의 시도도 가능할 것이다. 말하자면, 부자연스러운 것들 즉, 내세를 추구하려는 경향, 그리고 감각과 자연에 반대하는 것들에 공감하는 경향을. 그러니까 지금까지 존재했던 모든 이상을 나쁜 양심과 결부시킬 수도 있다.

✱

　나는 양심의 가책을 심각한 병이라 간주한다.

　국가 조직이 구축해 놓은 저 끔찍한 규제의 벽은 거침없이 유랑하던 인간의 모든 본능을 반대 방향으로 돌려세워 자신을 향하게 했다. 본능을 소유한 자의 방향을 돌리게 하는 것, 이것이 바로 '양심의 가책'의 기원이다. 외부의 적이 없어지고, 관습과 규칙 속에 처박힌 인간은 도저히 참을 수 없어 자기 자신을 찢어 버리고, 책망하고, 물어뜯고, 몰아대고, 학대했다. 길들여 보려 했지만, 자신이 갇힌 우리의 쇠창살에 몸을 부딪쳐 상처투성이가 된 이 동물, 황야에 대한 향수로 야위어 가며 자기 스스로 모험이나 고문대, 불안하고 위험한 야생 상태를 만들어내지 않을 수 없었던 동물, 이 바보, 그리움에 지쳐 절망한 죄수가 '양심의 가책'을 생각해낸 것이다.

✱

　참회, 사람들은 다른 사람에게 자신의 죄를 참회하고 나면, 그 죄를 잊어버린다. 그러나 다른 사람은 대개 그 죄를 잊지 않는다.

∗

　명령할 능력이 있는 자, 천성적으로 '지배자'의 성격을 지닌 자, 모든 일에서 폭력적인 모습을 드러내는 자. 이러한 자에게 계약이라는 것이 무슨 의미가 있겠는가. 그들이 있는 곳에선 어떤 지배 구조가 만들어진다. 이 지배 구조 내에서 여러 부분과 기능은 엄격하게 구분되면서 관계를 맺게 되고, 그 모든 것이 전체에 속하며 비로소 하나의 '의미'를 갖게 된다. 그들, 이 타고난 조직인들은 죄가 무엇인지, 책임이 무엇인지, 고려가 무엇인지 알지 못한다.

∗

　인류가 지금까지도 치유하지 못한 가장 무시무시한 병, 양심의 가책은 인간이 인간에게 즉, 자기 자신에게서 시작된 것이다. 이것은 인간이 자신의 동물적 과거를 억지로 떼어놓은 결과이고, 새로운 생존 조건에 뛰어들었다 나둥그러진 결과이고, 이제까지 자신의 힘이며 욕망과 공포의 기반이었던 오랜 본능에 선전 포고한 결과이다.

*

　나는 국가라는 용어를 사용했지만, 이것이 뜻하는 바는 명백하다. 이것은 한 무리의 금발의 맹수, 정복자 종족과 지배자 종족을 뜻하는 것이다. 전투 체제로 편성되어 있고, 조직화된 힘을 가진 이들은 유랑하는 시민에게 주저 없이 무서운 발톱을 들이댔다. 그러니까 이런 강압으로 '국가'가 지상에서 시작된 것이다. 이것으로 나는 국가가 '계약'으로 시작되었다는 몽상이 끝났다고 생각한다.

*

　형벌이란 대체로 공포를 증가시키고 현명함을 높이며 욕망을 억누르게 할 뿐이다. 따라서 형벌은 인간을 길들이긴 하지만, 인간을 '더 나은' 존재로 만들진 못한다.

*

'양심의 가책'은 지배자들에게서 자라나지는 않았다. 하지만 이 보기 흉한 식물은 그들이 없었다면 자라나지 않았을지도 모른다. 이 식물은 그들의 망치질과 예술가적 폭압 아래 생겨난 것이다. 폭력에 의해 잠재되어 버린 자유의 본능은 억눌리고, 내면 깊이 감춰진 다음 자기 자신에게서만 겨우 나타나게 되었다. 오직 이것이야말로 양심의 가책이 생겨난 발단이다.

*

인간은 자연스러운 성향을 너무 오랫동안 '나쁜 눈초리'로 바라보았기에 급기야 이 성향은 '양심의 가책'과 밀접한 관계를 지니게 되었다. 정반대의 시도가 그 자체로 가능하지도 모른다. 하지만 그렇게 할 수 있을 만큼 충분히 강한 자가 있겠는가?

*

우리 양심은 대체로 유년 시절에 존경하거나 두려워했던 사람들이 이유 없이 요구했던 규칙들이다. 따라서 양심은 인간의 가슴속에 있는 신의 목소리가 아니라, 인간의 내부에 있는 몇 사람의 목소리인 것이다.

*

국가에 갇힌 인간은 자기 자신을 괴롭히기 위해 양심의 가책을 생각해냈다. 또, 인간은 동물적 본능의 궁극적인 대립물로 신을 파악한다. 동물적 본능 자체를 신에 대한 죄로 새롭게 규정한 것이다. 이처럼 인간이 지상에서 온갖 이상을 세울 때마다 얼마나 값비싼 대가를 치렀는지 자문해보았는가? 그 때문에 얼마나 많은 현실이 비판과 오해에 휩쓸렸는지, 얼마나 많은 거짓이 신성화되었는지, 얼마나 많은 양심이 혼란에 빠졌는지, 얼마나 많은 신이 매번 희생되어야 했는지. 하나의 성전이 세워지려면 하나의 성전이 허물어져야 한다. 이것이 법칙이다. 이 법칙이 적용되지 않은 경우가 있으면 제시해보라.

＊

인간은 자신을 좀 더 고상한 존재로 여기고, 더욱 엄격한 규율을 자신에게 부과했다. 그 때문에 인간은 동물성에 가깝게 머물렀던 단계를 증오한다. 여기에서 지난날 인류가 노예를 비인간으로, 물건으로 경멸했던 사실을 설명할 수 있다.

＊

신에 빚을 지고 있다는 죄책감이 수천 년에 걸쳐 끊임없이 자라났다. 지금까지 도달된 최고의 신인 기독교 신의 출현은 그 때문에 최고치의 죄책감을 지상에 나타내 보였다.

만약 우리가 정반대의 운동을 일으켰다면, 기독교 신에 대한 신앙은 십중팔구 끊임없이 쇠퇴해 갔을 것이므로 오늘날에는 인간의 죄책감도 상당히 줄어들었을 것이라 추론할 수 있다. 그러니까 무신론이 완벽하게 결정적 승리를 거둠으로써 인류는 죄책감이라는 감정에서 벗어나게 되었는지도 모른다.

*

양심에 따르는 것은 감각을 따르는 것보다 편하다. 양심은 어떠한 실패에도 자기를 변호해주고 기분을 전환해주기 때문이다. 그러므로 이성적인 사람은 매우 적지만 양심적인 사람은 매우 많다.

*

오류와 무지는 치명적이다.

진리가 발견되었고 무지와 오류가 끝났다는 단정이야말로 이 세상에서 가장 유혹적인 생각 중 하나이다.

3

지쳐 있다면, 네게 휴식을 주어라

피곤하다고 느껴진다면
사고를 멈추고 휴식을 취하거나
잠을 자는 것이 최선이다.

＊

풀을 뜯어 먹으며 네 옆을 지나는 가축 떼를 한번 보라.

그들은 어제가 무엇인지 오늘이 무엇인지 모르고 그저 이리저리 뛰어다니고, 먹고, 소화하고 다시 뛴다. 그렇게 아침부터 저녁까지, 매일매일, 자신의 기분에 따라. 말뚝에 묶여 있어도 우울함과 권태를 느끼지 않는다. 인간이 이를 보는 것은 힘든 일이다. 그는 자신이 인간임을 동물 앞에서 자랑하면서도, 동물의 행복을 시기심 어린 눈으로 쳐다보기 때문이다.

✽

인간은 동물처럼 권태나 고통 없이 살고 싶다. 하지만 동물처럼 되고 싶진 않기에 그의 바람은 헛될 뿐이다. 인간은 동물에게 이렇게 물어본다.

"너는 왜 네 행복에 대해 말하지 않고, 그저 나를 쳐다보기만 하니?"

동물은 이렇게 대답할 것이다.

"내가 말하려고 했던 것을 금방 잊어버리기 때문이야."

그러나 동물은 이 대답 역시 곧 잊어버렸고, 침묵했다.

인간은 그것을 이상하게 생각했다. 그는 망각을 배우지 못하고 항상 과거에 매달려 있는 자신에 대해서도 이상하다는 생각을 한다. 그가 아무리 멀리, 빨리 달려도 사슬이 함께 따라다닌다. 어느 순간 여기 있다가 휙 지나가 버리면, 그 이전에도 무(無)였고 그 이후에도 무(無)인 순간이 유령처럼 다시 오고, 나중에 어느 순간의 휴식을 방해한다. 시간의 두루마리에서 한 장씩 끊임없이 풀려서 떨어져 나와 훨훨 날아간다. 그리고 갑자기 또 훨훨 날아든다. 인간의 품속으로.

＊

그런 다음 인간은 '기억이 난다.'라고 말하면서, 곧 잊어버리고 매 순간이 정말 죽어서 안개와 밤 속으로 가라앉아 영원히 사라지는 것을 보는 동물을 부러워한다. 이렇게 동물은 비역사적으로 산다.

＊

동물은 현재에 완전히 몰두하며, 꾸밀 줄도 모르고 아무것도 감추지 않기에 매 순간 진정 있는 모습 그대로이다. 동물은 정직하다. 이와 달리 인간은 과거의 커다란 무게, 점점 더 커지는 무게에 저항한다. 이 과거의 무게는 그를 짓누르거나 옆으로 휘게 한다. 그것은 보이지 않는 어두운 짐으로 그의 앞길을 힘들게 한다.

＊

죽음은 인간이 그토록 바라던 망각을 가져다준다. 그러나 동시에 죽음은 현재를 앗아가 버린다. 행복을 행복으로 만드는 것은 언제나 하나이다. 잊을 수 있다는 것.

＊

"모든 것이 필연적이라면, 내 마음대로 할 수 있는 것은 무엇인가?"

생각과 믿음은 다른 모든 문제와 함께 너를 짓누르는 아니, 그것보다 더 심각하고도 중요한 문제이다. 음식, 장소, 공기, 사회가 너를 변모시키고 규정한다고 말하겠는가? 그렇다면 너를 그렇게 만든 것은 네 견해이다. 네 견해가 네가 먹는 음식, 장소, 공기, 사회를 선택하도록 만들었기 때문이다. 네가 생각과 일체가 된다면, 그 생각은 너를 변모시킬 것이다. 하고자 하는 모든 것에서.

'내가 정말로 그 일을 몇 번이고 수없이 계속하고 싶은 것인가?'라는 물음이 가장 중요한 문제이다.

＊

타인에 대한 무관심이나 냉담함은 성격적 결함으로 해석되지만, 실은 정신의 피로에 지나지 않는 경우가 많다. 정신이 피로해지면 타인은 아무래도 좋거나, 또는 귀찮은 존재이다.

＊

일찍이 나 자신도 가라앉았다. 진리에 대한 광기에서 벗어나, 낮에 대한 동경에서 벗어나, 낮에 지치고 빛으로 병들어 아래로, 저녁을 향해, 그림자를 향해 가라앉았다. 하나의 진리 때문에 불타고 목말라하면서. 너는 아직도 기억하는가? 기억하는가? 그대 뜨거운 가슴이여. 그때 네가 얼마나 목말라했는지를. 내가 얻은 진리는 단 하나, '모든 진리로부터 추방되었다.'라는 것뿐이다.

✱

그대는 누구인가? 그대는 무엇을 했는가. 여기서 쉬어라. 이곳은 모든 사람을 반기는 곳이다. 기력을 회복하라. 그대가 누구이든 상관없다. 지금 그대는 무엇을 원하는가? 회복을 위해 그대에게 필요한 것은 무엇인가? 말만 하라. 내가 가지고 있는 것을 그대에게 주리라.

✱

전적으로 오해받고 있다면, 타인 각각의 오해를 근본적으로 풀어나가기는 불가능하다. 자신을 변명하는 데 지나친 힘을 낭비하지 않도록 이 사실을 통찰하고 있어야 한다.

✱

조용히 누워서 너무 많이 생각하지 않는 것이 영혼의 모든 병에 대한 가장 저렴한 약이며, 굳은 의지가 있다면 그것을 쓸 때마다 나아질 것이다.

＊

평소처럼 의연할 수 없다면 그것은 우리가 지쳐 있다는 증거이다. 피곤하다고 느껴진다면 사고를 멈추고 휴식을 취하거나 잠을 자는 것이 최선이다.

4

예민한 귀에는 좋은 소식이 찾아온다

자신에 대한 존경이 부족하면
온갖 종류의 상실이 복수처럼 따른다.

*

변하지 않는 성격. 성격이 변하지 않는다는 말은 엄밀한 의미에서 옳지 않다. 자주 인용되는 이 명제는 몇천 년 동안 이나 우리에게 아로새겨져 인간의 짧은 삶에 영향을 미친다. 그러나 만약 8만 살의 인간을 생각해보면, 그에게서는 아주 가변적인 성격도 찾아볼 수 있을 것이다. 그래서 그에게서 수많은 다양한 개인이 잇달아 발전되어 나올 것이다. 인간의 수명이 짧다는 특성 때문에 인간의 본질에 관한 여러 가지 잘못된 주장들이 제기된다.

내 안의 풍요를 깨달아라.

안타깝게도 너무나 많은 사람들이 넘치도록 풍요로운 자신에 대해 깨닫지 못한 채 살아간다.

우리는 무엇이든 될 수 있다. 무엇이든 할 수 있다.

'불가능해, 이 상황에서는 될 리가 없어.'라고 말하는 것은 아직 게으른 마음이 남아 있어서이다. 무엇을 하든 온 마음을 다하지 못하기 때문이다. 그러나 의지가 있다면 무엇이든 가능하다. 실제 그것을 이룬 사람, 그렇게 된 자는 그것이 진실임을 알고 있다. 자신의 풍요로움을 깨달아라. 그리고 풍요로움이 이끄는 대로 충실히 움직여라.

✶

"사람은 어떻게 행동해야 하는가?"

이것은 하나의 원인이 아니라 결과이다. 도덕이 뒤따르고, 이상(理想)이 앞에 오는 것이다.

*

어떻게 우리는 우리 자신을 다시 발견할 수 있는가? 어떻
게 인간이 자기 자신을 알 수 있는가? 젊은 영혼은 다음과
같은 물음을 던지면서 삶을 되돌아보아야 한다.

지금까지 너는 무엇을 진정으로 사랑했는가? 무엇이 네
영혼을 높이 끌어올렸는가? 무엇이 네 영혼을 지배했으며,
축복했는가? 그것들을 네 앞에 세워 놓아라.

그러면 그것들은 네게 자아의 진정한 근본 법칙을 보여줄
것이다. 진정한 본질은 네 안에 깊이 묻혀 있는 것이 아니라
너의 위로 헤아릴 수 없이 높은 곳에 있기 때문이다.

*

나는 '정신적 자유'를 매우 명확한 무엇인가로 이해한다.

정신적 자유는 자기 자신을 대하는 엄격성에서, 진정성에
서, 용기에서 '아니오(No.)'라고 말하는 것 자체가 위험하더라
도 'No.'라고 말할 수 있는 상태를 말한다.

＊

자신에 대한 존경이 부족하면 온갖 종류의 상실이 복수처럼 따른다. 건강과 우정, 행복, 자긍심, 유쾌함, 자유, 결단력, 용기 등이 훼손되는 것이다. 진정한 이기심을 추구하지 않은 인간은 훗날 자신을 절대로 용서하지 못하게 될 것이다. 순수한 이기심의 결여를 자신의 진정한 자아를 반대하고 의심하는 이유로 받아들이기 때문이다.

＊

대중에 속하기를 원치 않는 사람은 오로지 자기 자신의 나태함을 없애기만 하면 된다. 그리고 '너 자신이 되어라. 지금 네가 하는 것, 생각하는 것, 원하는 것은 모두 너 자신이 아니다.'라고 외치는 자신의 양심을 따르기만 하면 된다.

*

생각에 믿음을 가질 것. 마음속 가장 깊은 곳에서 그대 자신에게 참인 것이 모든 인간에게도 참이라는 것을 믿을 것. 그것이 재능이다.

*

인간은 늘 껍질을 벗고 새로워진다. 그리고 항상 새로운 생을 향해 나아간다. 그렇기 때문에 과거에는 필요했던 것도 지금은 필요치 않게 된 것이다. 그러므로 스스로를 비판하는 것, 타인의 비판에 귀 기울이는 것은 자신의 껍질을 벗는 것과 같다. 한층 새로운 자신이 되기 위한 탈바꿈인 것이다.

*

깨어나 귀를 기울여라, 고독한 자들이여! 은밀한 날갯짓을 하며 바람은 미래에서 불어온다. 그리하여 예민한 귀에는 좋은 소식이 찾아올 것이다.

✱

삶은 스스로 기둥을 세우고 계단을 만들어 자신을 높은 곳에 세우려고 한다. 삶은 먼 곳을 바라보며 행복한 아름다움을 찾아내려 한다. 이 때문에 삶은 높이가 필요하다.

✱

나의 행복. 무엇인가를 추구하는 것에 지치게 된 이후로 나는 발견하는 것을 배우게 되었다. 역풍을 만난 이후로 어떤 바람이 불어도 항해할 수 있게 되었다.

5

친구들이여, 나는 다른 사람이 되었는가?

나는 인간도, 신도, 저주도, 기도도
잊은 채 아무도 살지 않고
북극곰만 사는 극지에서 사는 법을 배웠다.

✴

타인의 마음을 알아도 정작 내가 누군지는 알지 못한다. 내 눈은 내게서 너무나 가깝기에. 내가 보는 것, 보았던 것은 내가 아니다. 나 자신에게서 멀리 떨어져 있을 수 있다면, 내게 더 유익할 텐데. 내 적만큼 멀지는 않은 곳일지라도, 가장 가까운 친구조차도 너무 멀리 떨어져 있다. 그래도 그와 나 사이의 중간 어디쯤이었으면. 알겠는가, 내 간청이 무엇인지?

★

나는 너희에게 정신의 세 가지 변화에 대해 말하고자 한다. 즉, 정신이 낙타가 되고, 낙타가 사자가 되고, 사자가 아이가 되는 변화를 말하려고 한다. 내면에 경외심을 지닌, 강하고 참을성 있는 정신은 무거운 짐을 지고 있다. 정신의 강인함은 무거운 짐, 가장 무거운 짐을 요구한다.

"무거운 것이란 무엇인가?"

인내심 많은 정신은 이렇게 묻고, 낙타처럼 무릎을 꿇고 앉아 무거운 짐을 싣기를 원한다.

"가장 무거운 것이란 무엇인가?"

인내심 많은 정신은 이렇게 묻는다.

내가 그것을 짊어짐으로써 억센 힘을 기뻐할 수 있을 정도로 가장 무거운 것 말일세. 가장 무거운 것이란, 자신의 오만에 고통을 주고자 자신을 낮추는 것이 아닐까? 자신의 지혜를 조롱하기 위해 자신의 어리석음을 훤히 드러내는 것이 아닐까? 혹은 우리를 경멸하는 자들을 사랑하고, 우리를 위협하는 유령에게 손을 내미는 것이 아닐까?

*

　참을성이 강한 정신은 이러한 모든 무거운 짐을 스스로 등에 짊어진다. 짐을 싣고 사막을 달리는 낙타처럼. 그렇게 그는 자신의 사막을 달려가는 것이다. 그러나 몹시 고독한 사막에서 두 번째 변화가 일어난다.

　낙타가 된 정신은 이제 사자가 된다. 정신은 자유를 쫓아 이를 잡으려 하고, 사막의 주인이 되고자 한다. 여기서 정신은 자신의 마지막 주인을 찾는다. 정신은 자신의 마지막 주인, 최후의 신에게 저항하려 하며, 승리를 위해 그 거대한 용과 싸우고자 한다.

*

　형제들이여. 왜, 그대들의 정신에 사자가 필요한가? 체념한 채 경외하는 마음으로 무거운 짐을 지는 낙타로는 왜 만족하지 못하는가?

✳

새로운 가치의 창조, 이것은 사자도 아직 이루지 못하는 일이다. 그러나 새로운 창조를 위해 스스로 자유를 획득하는 것, 그것은 바로 사자만이 할 수 있는 일이다. 자유를 자신의 것으로 만들고, 의무조차 부정하는 것. 이것을 위해서는 사자가 필요하다.

✳

새로운 가치를 위한 권리를 획득하는 것. 이것은 참을성이 있고 경건한 정신엔 지나치게 끔찍한 일이다. 진실로 그것은 먹이를 약탈하는 맹수가 하는 일이다. 일찍이 정신도 '너는 해야 한다.'를 가장 성스러운 것으로 사랑했다. 그러나 이제 정신은 가장 성스러운 것 속에서조차 자기 의지를 찾아내야 한다. 자기가 사랑하고 있는 것으로부터 자유를 강탈하기 위해서라면.

＊

나의 형제들이여, 말하라.

사자도 할 수 없는 일을 어떻게 아이가 할 수 있겠는가?

강탈하는 사자가 무엇 때문에 아이가 되어야만 하는가?

아이는 순진함이고 망각이다. 새로운 시작이자 유희이다. 스스로 굴러가는 바퀴이고, 최초의 움직임이며, 성스러운 긍정이다.

＊

나의 형제들이여. 창조의 유희를 위해서는 성스러운 긍정이 필요하다. 바야흐로 정신은 자신의 의지를 원하고, 그리하여 속세를 등진 정신은 자기 세계를 획득한다.

＊

오늘 내가 하는 것은 과거의 그 어떤 것보다도 훨씬 더 대단한 의미를 지니고 있다.

*

어떻게 사람은 자기 자신이 되는가?

이 질문엔 자신이 본래 무엇인지 희미하게라도 예측하지 않았다는 전제가 깔려 있다.

이런 관점에서는 삶의 실책마저도 나름의 의미와 가치를 가진다.

*

네겐 무엇이 매일매일의 역사인가?

네 습관을 돌아보라. 사소한 비겁과 게으름의 산물인가? 아니면 용기와 창조적 이성의 산물인가? 이 둘은 비록 매우 다른 것이지만, 사람들은 두 가지 모두에 똑같은 칭찬을 보내고, 그대 또한 사람들에게 똑같은 이익을 가져다줄 수도 있다. 그러나 칭찬과 이익과 존경은 양심의 평안만을 구하는 사람들에게 충분할 뿐, 양심에 대해 알고 있는 네겐 충분하지 못하다.

*

자기만족이라는 '금으로 된 양모피'는 매질을 막아내지만, 바늘에 찔리는 것은 막지 못한다.

*

와주었구나, 친구들이여. 아아, 그런데 너희가 찾던 사람은 내가 아닌가? 너희는 머뭇거리며 놀라워하는구나. 아아, 그대들이 차라리 분노하는 것이 낫겠다. 내가 그렇게 변했는가? 손도, 걸음걸이도, 얼굴도 변했는가? 친구들이여, 너희가 보기에는 지금의 나는 내가 아니란 말인가? 나는 다른 사람이 되었는가? 나 자신에게도 낯설게 되었는가? 나 자신이 싸움꾼이 되어버렸는가? 자신을 너무나 자주 억압하고 자신의 힘에 거역하려 애쓰고, 자신의 승리에 상처받고 저지당한 싸움꾼. 내가 찾던 곳은 칼날 같은 바람이 부는 곳이었던가? 나는 인간도, 신도, 저주도, 기도도 잊은 채 아무도 살지 않고 북극곰만 사는 극지에서 사는 법을 배웠다. 나는 빙하 위를 방황하는 유령이 되었는가?

＊

인간은 밝혀내기 어려운 존재이며, 자기 자신을 밝혀내기
는 더욱 어렵다. 의식이 때때로 자신의 영혼에도 거짓말을
하기 때문이다.

＊

자신을 불시에 습격할 줄 아는 것. 있는 그대로의 자신의
모습을 보려고 하는 사람은 횃불을 손에 들고 자신을 불시에
습격할 줄 알아야 한다. 왜냐하면, 정신적인 것에 대한 사항
도 육체적인 것에 대한 사항과 같은 사정이 있기 때문이다.
자신을 거울에 비춰보는 데 익숙해 있는 사람은 항상 자신의
추한 모습을 잊고 있다.

＊

너는 가장 무거운 짐을 찾아 나섰다. 그리하여 너는 자신
을 발견했다. 너는 자신을 벗어던지지 않을 것이다.

*

많은 것을 어중간하게 아는 것보다 차라리 아무것도 모르는 것이 낫다. 다른 이의 판단에 따라 움직이는 현자가 되기보다 자기 자신의 힘에 의지하는 바보가 더 낫다.

*

네 양심은 뭐라고 말하는가?

"너는 반드시 너 자신이 되어야 한다."

*

아리스토텔레스는 사람이 혼자 살기 위해서는 짐승이 되거나 신이 되어야 한다고 말한다. 그러나 셋째 경우가 있다. 짐승이면서 신이 되는 것, 다시 말해 철학자가 되어야 한다.

＊

끊임없이 너 자신이 되어라. 자신의 선생이자 자신의 조각
가가 되어라. 너는 작가가 아니다. 네가 쓰는 것은 단지 너만
을 위한 것이다. 그렇게 너는 아름다운 순간들에 대한 기억
을 보존하고, 이 순간들에 대한 기억을 보존하고, 자기 자신
이라는 금빛 고리를 발견한다. 그렇게 너는 너를 이야기할
시간을 준비한다.

4

껍질을 벗고 새로워지다

‡

1

스스로 선한 자라 호칭하는 자는
가장 독성이 깊은 파리이다

그들은 천진난만하게 쏘아대며
천진난만하게 속인다.
그들이 어떻게 나에 대해 공정할 수 있단 말인가.

＊

나는 백 개의 계단을 뛰어올라야만 한다. 나는 위로 올라
가야 하며, 너희의 울음을 듣는다.

"너는 정말 무정하구나. 우리가 돌로 만들어진 줄 아는가."

나는 백 개의 계단을 뛰어올라야만 한다. 하지만 아무도
계단이 되고 싶어 하지 않는다.

*

인간은 망설임 없는 빛을 발하는 횃불을 손에 들고서 '이상의 지하 세계'를 구석구석 밝게 비춘다. 그것은 전쟁이다. 그러나 거기엔 화약도 없고, 연기도 나지 않으며, 전투태세도 없고, 비장함도 없고, 뒤틀린 사지도 없다. 이러한 것들은 모두 '이상주의'일 것이다. 이 전쟁에서 오류들은 하나씩 얼음 위에 놓인다. 이상은 반박되지 않는다. 이상은 얼어 죽는다. 이를테면, 천재가 얼어 죽고, 성인이 얼어 죽는다. 큰 고드름 아래에서는 영웅이 얼어 죽고, 마지막으로 확신과 믿음도 얼어 죽는다. '동정'도 싸늘해졌다. 거의 모든 곳에서 '사물 자체'가 얼어 죽는다.

*

무엇인가를 개선하고자 한다면.

'이것은 좋지 않다.'라고 느낄 줄 아는 사람만이 문제를 개선할 수 있다.

＊

어느 낮 또는 어느 밤, 네가 가장 외로운 고독에 가라앉아 있을 때, 악마가 네게 슬며시 다가와 이렇게 말한다면 어찌할 것인가?

"네가 지금 살고 있고, 지금껏 살아왔던 이 삶을 너는 셀 수 없이 많은 시간 동안 반복해 살아야만 할 것이다. 거기에는 새로운 것이라고는 전혀 없을 것이며, 모든 고통과 모든 기쁨, 모든 생각과 한숨, 말로 표현할 수 없는 크고 작은 모든 이들이 다 네게 되돌아올 것이다. 그리고 그 모든 것들은 같은 순서에 따라 되돌아올 것이다. 지금 이 거미와 나무 사이로 비쳐드는 달빛도, 지금 이 순간과 나 자신도 마찬가지이다."

＊

과대망상은 사실 두려움에서 비롯된다. 그러니 있는 그대로 사실적으로 볼 수 있기를. 세상 모든 것이 자신을 중심으로 움직인다는 과대망상에서 벗어나야 한다.

*

  존재의 영원한 모래시계가 반복해서 돌아갈 것이다. 그리고 그것과 함께 너, 티끌 중의 티끌인 너도. 너는 사지를 뻗고 누워 이를 갈면서, 이렇게 말하는 악마를 저주하지 않겠는가?

  "그에게 '너는 신이다. 나는 이보다 더 성스러운 말을 들어본 적이 없다.'라고 대답하는 순간을 일찍이 경험해 본 적이 있는가? 만약 이러한 생각이 저를 지배하게 된다면 그것은 지금의 너를 변형시키고, 뭉그러뜨릴 것이다. 모든 것 하나하나에 대해 제기되는 '너는 이것이 셀 수 없는 시간 동안 반복되기를 원하는가?'라는 질문은 네 모든 행동거지에 가장 무거운 짐을 지울 것이다."

  너는 이 최종적이고 영원한 구속과 낙인 이상의 어떤 것을 요구하지 않기 위해 너 자신과 인생에 대해 얼마만큼의 호의를 가져야 할 것인가.

✳

변명의 기술. 어떤 사람이 우리에게 변명할 경우 그는 아주 잘 변명해야만 한다. 그렇지 않으면 우리 자신이 오히려 약간은 죄 있는 자인 것처럼 여겨져 불쾌한 감정을 가지게 될 것이다.

✳

박수갈채의 본질에 대하여. 박수갈채에는 항상 일종의 소음이 있다. 우리가 자신에게 보내는 박수갈채도 마찬가지이다.

✳

고집과 성실의 혼돈. 누군가는 자신이 이미 명확하게 파악한 일에 고집 때문에 매달려 있다. 그러나 그는 이것을 '성실'이라고 부른다.

*

습관으로 우리가 잃을 수 있는 것. 모든 습관은 우리의 손을 더 기민하게 하고, 우리의 지적 기민함을 더 무디게 한다.

*

필요에 대하여. 필요는 발명의 원인이라고들 한다.

실제로 필요는 발명된 것의 결과에 불과한 경우가 종종 있다.

*

너는 어떤 사람을 악하다고 말하는가? 항상 모욕하려 하는 사람.

기다리게 하는 것. 사람들을 흥분하게 하고 그들이 나쁜 생각을 하도록 만드는 가장 확실한 수단은 그들을 오래 기다리게 하는 것이다. 이것이 비도덕적으로 만든다.

✳

모든 사람을 동정하는 것. 이것은 너 자신에 대한 가학과 폭압이 될 것이다.

✳

모든 진리는 단순하다.
이것은 이중의 거짓 아닌가?

✳

영원토록 나는 많은 것을 알기를 원하지 않는다.

지혜는 인식에도 한계를 긋는다.

✳

사람들이 일상생활에서 진실을 말하는 이유는?

신이 거짓말을 금해서가 아니다.

그렇게 하는 것이 편해서이다. 거짓말에는 날조, 위장 기억이 필요하기 때문이다. 무엇보다 단순한 상황에서는 솔직하게 말하는 것이 유리하며, 교활한 방법보다 훨씬 확실하다.

✳

이웃사랑의 원리.

너 자신을 도와라. 그러면 모두가 너를 도울 것이다.

＊

의심하는 이유.

좋아할 수 없는 인간들에 대해서는 의심하려 한다.

＊

불완전한 지식의 승리.

불완전한 지식은 완전한 지식보다 더 큰 승리를 거두게 된다. 그것은 사물을 있는 그대로, 단순하게 이해하고, 그 때문에 자신의 의견을 훨씬 이해하기 쉽고 설득력이 있는 것으로 만들 수 있어서이다.

＊

좋지 못한 기억력의 순기능.

좋지 못한 기억력의 장점은 똑같이 좋은 사물들을 여러 번 처음처럼 즐기는 데 있다.

*

자기 자신에 대해 많은 이야기를 하는 것은 자기를 숨기는 수단이다.

*

그는 내 마음에 들지 않는다. 왜 그런가?
"나는 그를 당해낼 수 없기 때문이다."
일찍이 이렇게 대답한 인간이 있었던가?

*

"이제 내 모든 것은 최상의 상태에 이르렀고, 이제부터 나는 어떤 운명도 사랑한다. 누가 내 운명이 되길 원하는가?"

2

모든 단어는 하나의 편견이다

나는 말을 삼켜 버리는 법을 배웠다.

★

무지와 마찬가지로 이제는 극복할 수 없을 정도로 우리의 '살과 피'가 되어버린 도덕적 위선이 우리 깨어 있는 자들의 말까지 왜곡할 수 있다. 여기저기에서 우리는 이러한 사실을 간파하고 있으며, 최상의 학문이야말로 이렇게 단순화되고 철저하게 인위적이고, 적당히 꾸며지고, 적당히 왜곡된 세계에 우리를 붙잡아 두려고 한다. 나는 이 사실에 실소를 금할 수 없다. 최상의 학문은 원하든 원하지 않든 오류를 사랑한다. 학문도 하나의 살아 있는 것으로 삶을 사랑하기 때문이다.

*

스스로 선한 자라 말하는 이들이야말로 가장 독성이 깊은 파리라는 것을 나는 알게 되었다. 그들은 천진난만하게 쏘아대며, 천진난만하게 속인다. 그들이 어떻게 나에 대해 공정할 수 있단 말인가. 선한 자들 사이에 사는 자는 그 동정심 때문에 거짓말을 배운다. 동정심은 모든 자유로운 영혼들에 질식할 듯 답답한 공기를 만들어준다. 선한 자들의 어리석음은 깊이를 알 수 없다.

나 자신과 내 풍요로움을 숨기는 것, 그것을 나는 저 아래에서 배웠다. 모든 사람의 정신이 가난함을 알아서이다. 이같은 사실을 알았다고 한 것은 동정심에서 나온 거짓말이다. 즉, 그들의 정신이 어느 정도여야 충분하거나 지나친 것인지 내가 알아차렸고, 냄새를 맡았다고 말한 것 말이다.

그들의 완고한 현자들, 나는 그들을 완고하다고 하지 않고 지혜롭다고 했다. 이같이 나는 말을 삼켜 버리는 법을 배웠다. 그들의 무덤 파는 사람들을 나는 연구자이며 검사자라고 불렀다. 이같이 나는 말을 바꿔치기하는 법을 배웠다.

무덤 파는 자들은 구덩이를 파다가 병에 걸린다. 오래된 폐허 밑에는 고약한 냄새가 고여 있다. 그러므로 늪이나 수렁을 휘저어서는 안 된다. 사람은 마땅히 산 위에서 살아야 한다.

나는 다시 축복받은 콧구멍으로 산의 자유를 호흡한다. 마침내 나는 모든 인간이 뿜어내는 냄새로부터 구원받았다. 마치 거품 나는 포도주에 간질여지는 것처럼, 매서운 공기로 간질여진 내 영혼은 재채기한다. 재채기하고 나 자신을 향해 환호성을 지른다. 건강하기를!

*

우리가 여러 예술가나 제작자에게 적의를 느끼게 된다면, 그것은 그가 우리를 속였음을 알아차렸기 때문이 아니다. 그가 우리를 감쪽같이 속이는 일에 좀 더 세련된 수단이 필요하다고 생각하지 않았기 때문이다.

*

인간이 단순화하고 왜곡하며 사는 것은 얼마나 기묘한가.

일단 이러한 경이로운 사실에 눈을 뜨게 되면 놀라움을 금할 수 없게 된다. 그동안 우리는 일체의 피상적인 것에 사로잡힐 수 있는 면허장을 부여하고, 우리의 사고에 경솔하게 비약하면서 그릇되게 추론하는 신적인 욕망을 부여해왔다.

우리가 애초 우리의 무지를 유지하려 애썼던 것은 자유, 무분별, 경솔함, 왕성함, 유쾌함을 즐기기 위해서였다. 이제까지 무지라는 이 견고한 지반 위에서 비로소 학문이 자라날 수 있었고, 앎에의 의지는 그것보다 훨씬 더 강력한 무지, 몽매함, 허위에의 의지를 기반으로 자라날 수 있었다. 앎은 무지와 대립하는 것이 아니다. 무지가 세련된 것이었다.

*

사람들이 너를 칭찬하는 한, 너는 자신의 궤도 위에 있는 것이 아니라 다른 사람의 궤도 위에 있다고 믿어라.

우리는 어떤 일에든 개별로 존재할 권리가 없다. 우리는 개별로 잘못을 저질러도 개별로 진리를 파악해도 안 된다. 오히려 나무가 필연적으로 열매를 맺듯 우리 안에서 우리의 생각과 가치, 우리의 긍정과 부정, 가정(假定)과 의문이 자라나는 것이다. 모든 것이 유사하고 관계가 있으며, 하나의 의지, 하나의 건강, 하나의 지구, 하나의 태양을 증명하고 있다. 이러한 우리의 열매들이 너희들 입맛에 맞을는지? 하지만 이것이 나무와 무슨 상관이 있단 말인가!

∗

인간은 대답할 수 있는 질문만 듣는다. 그러니 조심하라.

비밀을 지키겠다고 굳게 약속했다는 것만큼 우리가 다른 사람에 즐겨 털어놓는 일도 없다. 비밀의 내용도 함께.

*

추론하는 기술.

인간이 이루었던 가장 위대한 진보는 올바르게 추론하는 것을 배운다는 데 있다. 이것은 '추론은 모든 사람이, 판단은 몇몇 사람만이 할 수 있다.'는 쇼펜하우어의 말처럼 자연적인 그 무엇이 아니라 나중에 습득되는 것으로 지금은 아직 지배적인 것이 되지 못하고 있다.

*

위대한 것에는 반드시 끔찍한 구석이 있으니, 모두가 자신을 속이지 않도록 하자.

*

확신의 적들. 확신은 거짓보다 더 위험한 진리의 적이다. 그리고 악의처럼 보이는 오만한 선의가 있다.

＊

사람들은 자신을 가까운 곳에서 바라보지만, 이웃은 멀리서 바라보게 된다. 따라서 이웃에 대해서는 지나치게 개략적으로 판단하게 되고, 자신에 대해서는 지나치게 사소한 특징들과 사건에 따라 판단하게 된다. 이는, 입장의 잘못이지 눈의 잘못이 아니다.

＊

오류의 원인은 나쁜 의지뿐 아니라 선한 의지에도 있다. 인간은 상상할 수 없을 만큼 다양한 방식으로 현실을 숨기고, 또 현실을 왜곡한다.

✳

순진무구한 거짓말이 존재하는데, 그것은 자기 생각을 굳게 믿고 있다는 증거이다.

✳

다른 사람이 우리의 약점을 눈치채고 있는가 아닌가에 대한 우리의 관찰 감각은, 다른 사람의 약점에 대한 우리의 관찰 감각보다 훨씬 예민하다.

✳

"선과 악은 신의 선입견이다."
뱀은 이렇게 말하고 부리나케 천국으로부터 도망쳤다.

3

이 세상에 사실이라는 것은 없다
오직 해설만이 있을 뿐

자연이 뇌우를 내려 우리를 젖게 했다고
자연을 비도덕적이라 탓하지는 않는다.

★

도덕 자체를 위한 도덕. 이것은 도덕에서 자연적인 요소를 배제하는 중요한 한 걸음이다. 도덕이 그 자체로 하나의 최종적 가치가 됐기 때문이다. 이 단계의 도덕은 대체로 종교로 흠뻑 스며든다. 그러면서도 도덕은 또 종교로부터 분리되는 단계도 거친다.

이 단계에서는 어떠한 신도 종교에 걸맞을 만큼 충분히 '도덕적'이지 않다. 이쯤 되면 도덕은 비인격적인 이상을 선호한다.

인간은 항상 선하게 행동한다. 자연이 뇌우를 내려 우리를 젖게 했다고 자연을 비도덕적이라 탓하지는 않는다. 그렇다면 우리는 왜 해를 끼치는 사람을 비도덕적이라 탓할까. 자연엔 필연성을 인간엔 자유의지를 가정하기 때문이다. 하지만 이런 구별은 오류이다. 또한, 우리는 때에 따라 의도적으로 해를 끼치는 것에 비도덕적이라 하지 않는다. 예를 들어, 인간은 모깃소리가 마음에 들지 않는다는 이유만으로 모기를 거리낌 없이 의도적으로 죽이고, 우리 자신과 사회를 지키기 위해 범죄자를 의도적으로 처벌하거나 고통을 준다. 모기의 경우는 개인이 자기보존을 위해 의도적으로 고통을 가하는 것이라면, 범죄자의 경우는 국가가 그렇게 한다. 모든 도덕은 의도적으로 해를 가하는 것을 정당방위로 인정한다. 단, 그것이 자기 보존의 문제가 되는 것이라면.

✳

이 세상에 사실이라는 것은 없다. 오직 해설만이 있을 뿐.

*

인간이 인간에 대해 가하는 모든 악행을 설명하기 위해서는 다음과 같은 관점만으로도 충분하다. 인간은 쾌감을 원하고 불쾌감을 없애고자 한다. 이것은 어떤 의미에서는 항상 자기보존의 문제다. 소크라테스와 플라톤의 말은 타당하다. 인간은 무슨 일을 하든 언제나 선을 행한다. 즉 인간은 지성의 정도와 이성의 척도에 따라 언제나 자신에게 유리한 것을 행한다.

*

도덕적 현상이란 존재하지 않는다. 현상에 대한 도덕적 해석만이 존재할 뿐이다. 도덕을 유용하게 활용하려면 도덕의 문제가 무엇인지를 알아야만 하는 것이다.

＊

너희, 도덕군자들이여. 사람들의 외침을 듣지 못했는가?
'내가 아닌 것, 그것이 내게 신이며 덕이다.'라는 울부짖음을.
도덕군자들의 입에서 흘러나오는 '덕'이라는 말은 얼마나 우
리를 불쾌하게 만드는가. 그들이 '나는 정의롭다.'라고 할 때,
그 소리는 항상 '나는 복수했다.'로 들린다. 그들은 그들의 덕
으로 적의 눈을 후벼 파려고 한다. 그들은 다른 이를 낮추려
할 때만 자신을 높인다.

어떤 자는 늪 속에 앉아 갈대 사이로 이렇게 말한다.

덕, 그것은 조용히 늪 속에 앉아 있다. 우리는 아무도 물어
뜯지 않으며, 또 물려고 덤비는 자는 피한다. 그리고 매사에
우리는 다른 사람들의 의견을 따른다. 또, 어떤 자는 몸짓을
사랑하여 덕이란 일종의 몸짓이라고 생각한다. 그들의 무릎
은 항상 꿇어앉아 예배하고 있다. 그들의 손은 덕을 찬양하
지만, 그들의 가슴은 이에 대해 아무것도 아는 바가 없다.

✱

　도덕은 대단히 실용적이라는 점에서 보면 참으로 묘한 학문이다. 도덕이 도덕의 문제에 대답을 요구하는 순간, 순수하게 과학적 지위나 과학적 정직성은 버려지기 때문이다.

✱

　밟힌 지렁이는 꿈틀거린다. 똑똑한 일이다. 지렁이는 그렇게 해서 또 다른 것에게 밟힐 가능성을 줄이는 것이다. 도덕 언어로 말하면, 순종한다.

✱

　모든 도덕은 '자연'에 대한 폭정이며, 또, 이성에 대한 폭정이다. 모든 도덕에서 본질적이며 중요한 건 그것이 장기간에 걸친 강압이라는 점이다.

*

일반적 도덕성에 대한 위험. 고상하며 정직한 사람들은 그들의 정직함이 생각해내는 모든 악마적 행위를 우상화하고, 도덕적 판단의 저울을 일정 시간 정지시키는 일을 한다.

*

도덕적으로 판단하고 판결은 내리는 것은 정신적으로 편협한 사람들이 덜 편협한 사람들에게 즐겨 쓰는 복수이다. 또한, 그들이 자연에서 재능을 받지 못한 데 대한 일종의 손해배상이며, 결국 '도덕'이라는 정신을 얻어 고상해지는 기회가 되기도 한다.

지금까지 모든 지식은 사악한 양심 곁에서 자라났다. 너희, 인식하는 자들이여! 깨뜨려라, 깨뜨려 버려라! 그 낡은 서판들을!

✶

소름 끼치는 자기 검증이란? 자기 자신을 한 사람의 개인이 아니라 인류로 자각하는 것을 두고 하는 말이다. 뒤를 돌아보며 깊이 생각해보자. 그리고 큰길과 샛길을 따라가보자.

4

차라투스트라의 제안, 자기 자신을 극복하길

두려운 것은 산꼭대기가 아니라
산비탈이다. 시선은 아래로,
손은 위로 뻗는 이중의 의지 때문에.

✳

　나는 기다리는 법을 배웠다. 그것도 철저하게 배웠다. 내가 배운 것은 나 자신을 기다리는 것이다. 무엇보다도 나는 서고, 걷고, 달리고, 뛰어오르고, 기어오르고, 또 춤추는 것까지 배웠다. 언젠가 나는 것을 배우려는 자는, 우선 서고, 걷고, 달리고, 뛰어오르고, 기어오르고, 또 춤추는 것까지를 배워야 한다. 인간은 단번에 나는 법을 배울 수 없다.

차라투스트라는 걷고 또 걸었다. 이제는 그 누구도 만나는 일 없이 홀로 걸으며 끊임없이 자기 자신을 다시 발견했다. 몇 시간 동안이나 자신의 고독을 즐기고 맛보면서 즐거웠던 일들을 생각했다. 정오가 되어 태양이 바로 차라투스트라의 머리 위로 떠올랐을 때, 그는 늙어 휘어진 울퉁불퉁 마디가 많은 나무 하나를 지나치게 되었다. 그는 이 나무 옆에 드러누워 자고 싶었다. 차라투스트라는 그렇게 했다. 잠이 들면서 차라투스트라는 마음속으로 이렇게 말했다.

"조용. 조용! 세계는 이제 막 완전해지지 않았던가. 내게 대체 무슨 일이 일어나고 있는가? 내 영혼은 어째서 지쳐 길게 늘어져 있는가. 내 유별한 영혼은. 길게, 좀 더 길게 늘어져 있다. 내 영혼은 이미 좋은 것들을 많이 맛보았으며, 이 황금빛 슬픔에 짓눌리며, 입을 삐죽거린다."

황금빛 행복, 황금빛 포도주의 해묵은 갈색의 한 방울을 마신 것인가? 그의 얼굴 위로 무언가 스쳐 지나가자 정오의 행복이 웃고 있다.

"더할 나위 없이 적은 것, 가장 조용한 것, 가장 가벼운 것, 도마뱀의 바스락거리는 소리, 한 번의 숨결, 한 번의 스침, 순간의 눈길, 이같이 작은 것이야말로 최고의 행복을 만들어

낸다. 조용!"

✱

너희는 벌레로부터 인간에 이르는 길을 걸어왔다. 그러나 너희 내면엔 아직도 많은 벌레의 본성이 남아 있다. 너희는 일찍이 원숭이였고, 지금도 너희는 그 어떤 원숭이보다 더한 원숭이일 것이다. 너희 중 가장 현명한 자도 식물과 유령과의 불협화음의 혼합물, 또는 잡종에 불과하다.

✱

삶은 내게 다음과 같은 비밀을 털어놓았다.

"보라! 언제나 자신을 극복해야만 하는 것, 그것이 바로 나다."

＊

너희는 우선 자기 자신을 믿도록 하라. 너희와 너희의 내장을. 자기 자신을 믿지 않는 자는 항상 거짓말을 한다.

＊

가장 훌륭한 자에게도 구역질을 일으키는 그 무엇이 있다.
그러므로 최선의 자, 가장 훌륭한 자도 극복되어야 할 그 어떤 존재가 아니던가.

＊

두려운 것은 산꼭대기가 아니라 산비탈이다. 산비탈에서 우리 시선은 아래쪽으로 향하고, 우리 손은 위를 향하여 내뻗게 된다. 이 이중의 의지 때문에 우리는 현기증을 느낀다.

*

우리는 스스로 마음을 다잡아야 한다. 만약 이를 못한다면 분별력마저 달아나 버리기 때문이다.

*

벗들이여! 너희는 취향이나 미각 때문에 다투어서는 안 된다고 말하는가? 그러나 모든 삶이란 취향이나 미각을 둘러싸고 벌어지는 싸움일 뿐이다.

*

어떻게 해야 산에 잘 오를 수 있을까? 그저 위로 올라가라, 그리고 그것에 대해 생각하지 말아라.

*

　차라투스트라가 배를 탔다는 소문이 선원들 사이에 파다하게 퍼졌다. 행복의 섬에서 온 한 사내가 그와 함께 배를 탔기 때문이다. 그 소문으로 인해 호기심과 기대가 커졌다. 그러나 차라투스트라는 아무 말도 하지 않았고, 몹시 슬픈 나머지 귀까지 막고 있었다.

　어떤 눈길이나 어떤 물음에도 답하지 않았다. 이틀째 되는 날 저녁, 여전히 침묵을 지켰지만, 그의 귀만은 다시 열렸다. 멀리서 오고 또 멀리 떠나가는 이 배 위에는 귀 기울여 들을 만한 진기한 일과 위험천만한 이야기들이 많았기 때문이다. 그렇지 않아도 차라투스트라는 멀리 여행하는 자, 위험한 일을 두루 겪으며 살아가는 모든 사람의 벗이기 때문이다. 그리고 보라! 귀를 기울이는 동안에 마침내 그의 혀가 풀렸고, 얼음장 같은 마음도 녹아내렸다.

내 모든 감정은 자신에 대한 괴로움으로 감옥에 갇혀 있다. 하지만 의욕은 언제나 해방자이자, 기쁨을 가져다주는 자로서 나를 찾아온다. 의욕은 해방을 가져온다. 이것이 의지와 자유에 대한 참다운 가르침이다.

5

아모르 파티(Amor Fati), 네 운명을 사랑하라

사랑스러운 우연이
우리와 함께 연주한다.
이 우연이 가장 지혜로운 섭리이다.

*

우주는 결코 인간을 모방하려 하지 않는다. 인간의 어떤 미학적 판단이나, 도덕적 판단도 우주에 적용되지 않는다. 우주는 자기 보존 본능을 지니고 있지 않으며, 본능이라는 것을 가지고 있지도 않다. 우주는 법칙이라는 것을 알지 못한다. 자연에 법칙이 있다고 말하는 것을 경계하자.

＊

나는 아직 살아 있다. 나는 아직 생각한다. 나는 아직 살아야만 한다. 아직 생각해야 하니까. 나는 존재한다. 고로 나는 생각한다. 고로 나는 존재한다. 그래서 나는 지금 내가 나에게 이야기하고 싶은 것, 이 해에 처음으로 내 마음을 스치는 생각, 앞으로의 삶에서 내게 근거와 달콤함을 줄 생각에 대해 말하고자 한다. 나는 필연적인 것을 아름다운 것으로 보는 법을 배우고자 한다. 그렇게 하여 사물을 아름답게 만드는 사람 중 하나가 될 것이다. 네 운명을 사랑하라. 아모르 파티(Amor fati). 이것이 지금부터 나의 사랑이 될 것이다. 나는 추한 것과 전쟁을 벌이지 않으련다. 나는 비난하지 않으련다. 나를 비난하는 자도 비난하지 않으련다. 눈길을 돌리는 것이 유일한 부정이 될 것이다. 무엇보다 나는 언젠가 긍정하는 자가 될 것이다.

＊

자신을 숙명처럼 받아들이는 것, '다른' 자기 자신을 원하지 않는 것. 이것이 바로 위대한 이성 그 자체이다.

*

자연에는 오직 필연성이 있을 뿐이다.

자연에는 명령하는 자도, 복종하는 자도, 위반하는 자도 없다. 목적이 없다는 것을 알게 되면 우연이 없다는 것도 알게된다. 목적의 세계에서만 우연이라는 단어가 의미를 지니기 때문이다.

*

죽음은 삶의 대립이라고 말하는 것을 경계하자. 삶은 죽음의 한 형태일 뿐이며, 그것도 매우 희귀한 형태이다. 세계가 영원히 새로운 것을 창조한다고 생각하는 것을 경계하자. 영속적인 실체란 없다.

＊

인간은 자신을 사랑하는 법을 배워야 한다. 자기 자신을 참아내느라 이리저리 방황하지 않기 위해서다. 자신을 사랑하는 법을 배우는 것은 오늘내일만을 위한 규율이 아니다. 이것은 오히려 모든 기술 중 가장 정교하며, 가장 커다란 인내심이 요구되는 궁극적인 기술이다.

＊

나는 나 자신과 사람들을 위해 현재의 실제 세계 한가운데에서 햇볕 잘 드는 조용한 구석을 찾고 있다. 우리에게 넘쳐나는 평안을 가져다주는 저 환한 표상들을. 모두 각자 자신을 위해 이를 행하라. 그리고 일반적인 것을 말하는 것, 그것은 '사회'를 위해 재껴 두어라.

✳

너희는 격렬한 폭풍 속에서 바람에 한껏 부푼 돛을 달고 온몸을 떨며 앞으로 나아가는 돛단배를 한 번이라도 본 적이 없는가? 돛단배처럼 정신의 격렬함 속에서 몸서리치며, 나의 지혜는 바다를 건넌다.

✳

"더는 길이 없다. 주위에는 심연과 죽음의 정적뿐이다."
그것이 네가 원한 것이다. 너는 길에서 벗어나기를 원했다. 그렇다. 방랑자여. 냉정하고 명료하게 바라보라. 위험을 떠올리는 순간, 너는 길을 잃게 된다.

✳

사랑스러운 우연이 우리와 함께 연주한다. 이 우연이 가장 지혜로운 섭리며, 우리를 이끌었다 해도 '우리의 손'이 만들어 내는 것보다 더 아름다운 음악을 만들지는 못한다.

＊

너희가 세계라고 부르는 것은 너희가 창조해야 한다.
그럼으로써 너희의 이성, 너희의 심상, 너희의 의지, 너희의
사랑이 실현되어야 한다. 너희, 인식하는 자들이여. 진실로
너희의 더없는 행복을 위해 그렇게 되어야 한다.

＊

세계의 고통은 깊다. 쾌락은 마음의 고통보다 더 깊다.
고통은 말한다. '사라져라! 가라!'
그러나 모든 쾌락은 영원을 원한다. 깊고도 깊은 영원을.

＊

우리의 가정 형편은 구걸해야 할 정도로 가난하다. 우리의
예술, 우리의 직업, 우리의 결혼. 이런 것들은 우리가 선택한
것이 아니다. 사회가 우리에게 선별해준 것이다. 우리는 운
명과의 격렬한 투쟁을 무서워한다.

*

매끈한 빙판은 하나의 천국.

멋지게 춤출 줄 아는 자에게는.

참고 도서

〈비극의 탄생〉 1872년, 〈반시대적 고찰〉 1873년, 〈인간적인, 너무나 인간적인〉 1878년
〈아침놀〉 1881년, 〈유고〉 1881년~1883년, 〈즐거운 학문〉 1882년
〈차라투스트라는 이렇게 말했다〉 1885년, 〈선악의 저편〉 1886년
〈도덕의 계보학〉 1887년, 〈우상의 황혼〉 1888년, 〈디오니소스 송가〉 1888년,
〈권력 의지〉 1901년, 〈이 사람을 보라〉 1908년

김미조 편역

소설을 쓰면서 인문학 도서를 기획, 집필하고 있다. 장편소설《천국의 우편배달부》로 데뷔했다. 지은 책으로는 소설집《나는 혼자가 아이다》《빌어먹을 놈은 아니지만》《피노키오가 묻는 말》, 수필집《엄마의 비밀정원》, 인문서《국제분쟁, 무엇이 문제일까?》《10대와 통하는 자본주의 이야기》등이 있다. 포천시가 주관한 뮤지컬〈화적연-용신과 도깨비 공주의 신비로운 사랑이야기〉를 쓰기도 했다.

Friedrich Wilhelm Nietzsche
니체의 슬기로운 철학수업

프리드리히 니체 | 김미조 편역

1판 1쇄 인쇄 2024년 6월 20일 | 1판 1쇄 발행 2024년 7월 1일

펴낸이 정중모 | 펴낸곳 파랑새 | 등록 1988년 1월 21일(제406-2000-000202호)
편집장 서경진 | 편집 정혜연, 김보라 | 디자인 권순영 | 마케팅 김선규 | 홍보 고다희
온라인사업 서명희 | 제작 윤준수 | 영업관리 구지영 | 회계 홍수진
주소 경기도 파주시 회동길 152
전화 031-955-0670 | 팩스 031-955-0661 | 홈페이지 www.yolimwon.com
전자우편 bbchild@yolimwon.com
ISBN 978-89-6155-528-9 03160